EinFach Deutsch

Arbeitsheft

Medienwelten

Von
Christine Mersiowsky

Herausgegeben von
Johannes Diekhans

Bildnachweis

S. 6: aus: JIM-Studie 2015, Medienpädagogischer Forschungsverbund Südwest, www.mpfs.de
S. 7: oben: aus: ARD/ZDF-Onlinestudie 2015, in: Media Perspektiven 9/2015, S. 417; unten: aus: ARD/ZDF-Onlinestudie 2007-2014, in: Media Perspektiven 7-8/2014, S. 384
S. 8: aus: ARD/ZDF-Langzeitstudie Massenkommunikation, in: Breunig/Engel 2015, S. 331
S. 9, 28, 38, 41, 57: © picture-alliance/dpa
S. 11: © Christine Mersiowsky (wordle.net)/Verlagsarchiv Schöningh/Domke
S. 12: © Hans-Dieter Kübler
S. 16: © GraphicRF – Fotolia.com; © makc76 – Fotolia.com; © erllre - Fotolia.com; © tanyastock – Fotolia.com
S. 22, 43: © picture-alliance/juerg christandl/KURIER/picturedesk.com; © picture-alliance/dpa
S. 25: Foto: Marvin Böhm
33: aus: Media Perspektiven 1/2013
S. 34: Allensbacher Archiv/BDZV; aus: Media Perspektiven 4/2014
S. 35: © DIE ZEIT/Michael Heck
S. 40: Foto: Juliane Werner
S. 50: Darstellung in Anlehnung an: Seifert, Josef W.: Visualisieren, Präsentieren, Moderieren. Offenbach: GABAL Verlag 2007
S. 51, 52, 53 u.: © Pepe Danquart / Trans-Film-Vertrieb
S. 53 o.: © 3D-Designs - Fotolia.com
S. 54: Quelle: FFA-Filmförderungsanstalt (Hrsg.): Filmgenres 2010 bis 2011. Eine Auswertung zum Genreangebot in deutschen Kinos und zur Genrevielfalt deutscher Filme, Berlin 2013
S. 65, 66: Verlagsarchiv Schöningh/Heinrich Drescher

westermann GRUPPE

www.schoeningh-schulbuch.de
Schöningh Verlag, Jühenplatz 1 – 3, 33098 Paderborn

Druck A[1] / Jahr 2017
Alle Drucke der Serie A sind im Unterricht parallel verwendbar.

Umschlaggestaltung: Jennifer Kirchhof
Druck und Bindung: westermann druck GmbH, Braunschweig

ISBN 978-3-14-**022687**-5

Inhaltsverzeichnis

Arbeiten mit diesem Heft

Liebe Schülerin!
Lieber Schüler!

Ein Blick auf die Daten des Statistischen Bundesamtes aus dem Jahre 2015 fördert eine beeindruckende Ausstattung der Bevölkerung mit Medien insbesondere im Bereich der Informations- und Kommunikationstechnik zutage: So verfügt jeder private Haushalt im Durchschnitt über knapp zwei Personalcomputer, selbstverständlich mit Internetanschluss, und annähernd drei Telefone – überwiegend mobil. Offensichtlich ist unsere ohnehin von Medien bereits geprägte Gesellschaft in der digitalen Medienwelt angekommen.

Die Medienwelt des 21. Jahrhunderts ist bunt und schnell: Informationen in scheinbar unendlicher Fülle sind nicht nur stets aktuell, sondern zudem überall und jederzeit verfügbar. Und auch die Entwicklung der mediengestützten Kommunikation verläuft unglaublich dynamisch und rasant: Die E-Mail ersetzt zunehmend den klassischen Brief, die heutigen Smartphones avancieren durch ihre zahlreichen technischen Dienste (SMS, MMS usw.) und Apps ebenfalls zu einem Medium überwiegend schriftlicher Kommunikation, die Datenübertragung erfolgt durch die Digitalisierung immer schneller usw.

Was sind (neue) Medien eigentlich? Wie haben sie sich bis heute historisch entwickelt? Wie wirken sie sich auf die Kommunikation im persönlichen Alltag und in der Gesellschaft aus? Welche Überlebenschancen hat ein klassisches Medium wie die Zeitung im digitalen Zeitalter? Wie sieht die moderne Zeitung von morgen aus? – Diese und weitere Fragen stehen im Zentrum der aktuell geltenden Richtlinien für das Rahmenthema 7 „Medienwelten“.[1]

Dieses Arbeitsheft soll Ihnen und Ihren Lehrerinnen und Lehrern dabei helfen, den Anforderungen der Lehrpläne gerecht zu werden und sich gezielt auf das Abitur vorzubereiten. Es enthält für die jeweiligen Unterrichtsaspekte zentrale pragmatische (Sachtexte), aber auch literarische Texte und vermittelt Ihnen in Form von Informationskästen Hintergrundwissen.

Am Ende dieses Arbeitsheftes finden Sie im Anhang (S. 59 ff.) neben den gängigen Operatoren für das Fach Deutsch wichtige fachspezifische Arbeitstechniken, die Ihnen an konkreten Beispielen nochmals erklärt werden und Ihnen somit die Vorbereitung auf Klausuren und die Abiturprüfung erleichtern.

Zu den einzelnen pragmatischen und literarischen Texten finden Sie direkt im Anschluss die dazugehörigen Aufgabenstellungen, die den Verstehensprozess lenken und unterstützten sollen. Dieses geschieht im Kursgespräch, in einer Kleingruppe, mit Ihrem Tischnachbarn oder Ihrer Tischnachbarin oder auch in Einzelarbeit. Immer wieder sind Sie aufgefordert, Ihre Ergebnisse schriftlich zu skizzieren oder in längeren Texten festzuhalten. Deshalb benötigen Sie begleitend zu den vorliegenden Materialien ein Heft. Dieses können Sie auch als Lernportfolio anlegen. Was dieses ist und wie Sie dabei vorgehen können, wird Ihnen im Anhang dieses Arbeitsheftes (S. 69 f.) erklärt.

Viel Erfolg und ein hohes Maß an Motivation wünscht Ihnen

Christine Mersiowsky

---

[1] Vgl. Niedersächsisches Kultusministerium (Hrsg.): Kerncurriculum für das Gymnasium – gymnasiale Oberstufe, die Gesamtschule – gymnasiale Oberstufe, das Berufliche Gymnasium, das Abendgymnasium, das Kolleg. Hannover 2016, S. 62 ff.

1 Medien im Wandel

Der Bereich der mediengestützten Kommunikation ist insbesondere in den vergangenen Jahrzehnten von einer unvergleichbaren Dynamik und Rasanz geprägt:
Seit den 1990er-Jahren wird der klassische Brief zunehmend durch die E-Mail verdrängt, welche keine spezifische Textsorte, sondern zunächst einmal lediglich eine neue Kommunikationsform darstellt. Die heutigen Smartphones avancieren durch ihre zahlreichen technischen Dienste (SMS, MMS usw.) und Apps zu einem Medium schriftlicher Kommunikation und sind nicht länger ausschließlich „Hör-“, sondern nun auch „Sehfone“.
Durch die neuen Medien werden wir zu Zeitzeugen eines tiefgreifenden Wandels der Kommunikation und zugleich auch der Sprachverwendung, denn die Wahl der Varietät hängt längst nicht mehr allein vom Teilnehmerkreis und der Kommunikationssituation ab, sondern wird auch vom Medium selbst und den damit einhergehenden technischen Gegebenheiten bestimmt: So erlaubt beispielsweise die Zeichenbegrenzung bei einer SMS keine umfangreiche Darstellung von Sachverhalten, weshalb etwa die Stimmungen des Senders sprachlich sehr reduziert mithilfe von Emoticons vermittelt werden.
In diesem Abschnitt erfahren Sie etwas über die Mediengeschichte als einer Geschichte sich ständig beschleunigender Medienentwicklung. Zudem sollen Sie sich ihr eigenes Medienverhalten, insbesondere im Umgang mit den neuen (d. h. digitalen) Medien, bewusst machen und dieses kritisch reflektieren.

1.1 Mediennutzung heute

Christine Mersiowsky (geb. 1970)

Kevin allein zu Haus oder: Ein typischer Nachmittag eines Jugendlichen?

Kaum ist Kevin aus der Schule zurück und wieder an seinem Schreibtisch, klappt er sein Notebook auf, das den Vormittag über auf Stand-by eingestellt gewesen ist, und schaltet schon einmal den Fernseher ein. Mit dem rechten In-Ear-Kopfhörer hört er Musik von seinem Smartphone, dessen Display ihm schon wieder sechs neue Nachrichten seiner Freunde anzeigt. „Im Klassen-Chat muss ich eben noch nach den Hausaufgaben von heute fragen, Lara viel Spaß für heute Abend wünschen und mich mit Timo zum Online-Gaming verabreden“, denkt Kevin und loggt sich vorsichtshalber gleich in seinen Account ein, während er kurz seine E-Mails checkt. Ihm graut schon vor dem Erdkunde-Referat am nächsten Schultag und er kopiert zur Vorbereitung schnell einige Seiten zu seinem Thema „Klimawandel“ aus Wikipedia, findet mithilfe der Google-Bildersuche einige illustrierende Abbildungen, die er speichert, und druckt anschließend alles aus. „Fertig!“, freut er sich, „endlich Freizeit!“ und postet seinen Erfolg gleich online in den sozialen Netzwerken. Anschließend lädt er die DVD mit seinem neuen Fußballsimulationsspiel auf der Konsole, um sich die Wartezeit bis zu seiner Verabredung mit Timo zu vertreiben.

Das Smartphone meldet sich und mit flinken Daumenbewegungen antwortet Kevin auf die zwei Nachrichten, während er auf der Toilette sitzt. Auf die obligatorische Frage seines Kumpels „Was machst du gerade?“ antwortet er jedoch lieber nicht ganz wahrheitsgemäß.

(2016)

Die Gestaltung des Fallbeispiels erfolgt in Anlehnung an die Unterrichtseinheit des Medienführerscheins Bayern „Medien non-stop? Die eigene Mediennutzung reflektieren und Risiken erkennen“, 2. überarbeitete Auflage. München/Berlin 2014, S. 11, Herausgeberin: Stiftung Medienpädagogik Bayern.

1. Legen Sie in Ihrem Heft eine Tabelle nach folgendem Muster an und notieren Sie die Medien, mit denen sich Kevin in seiner Freizeit beschäftigt, sowie die jeweiligen Motive für die Mediennutzung (z. B. Kommunikation, Information, Entspannung).

Medium	Motiv(e) für die Mediennutzung
Handy/Smartphone	
Internet	
Fernsehen	
...	...

2. Reflektieren Sie Ihr eigenes Medienverhalten, indem Sie in Ihrer tabellarischen Übersicht die Medien farblich kennzeichnen, die Sie mehrmals pro Woche oder sogar täglich verwenden, und die zweite Spalte gegebenenfalls um Ihre ganz individuellen Nutzungsmotive ergänzen.

3. Analysieren Sie die vorliegenden Schaubilder, indem Sie die relevanten Informationen zur Mediennutzung Jugendlicher stichwortartig notieren.

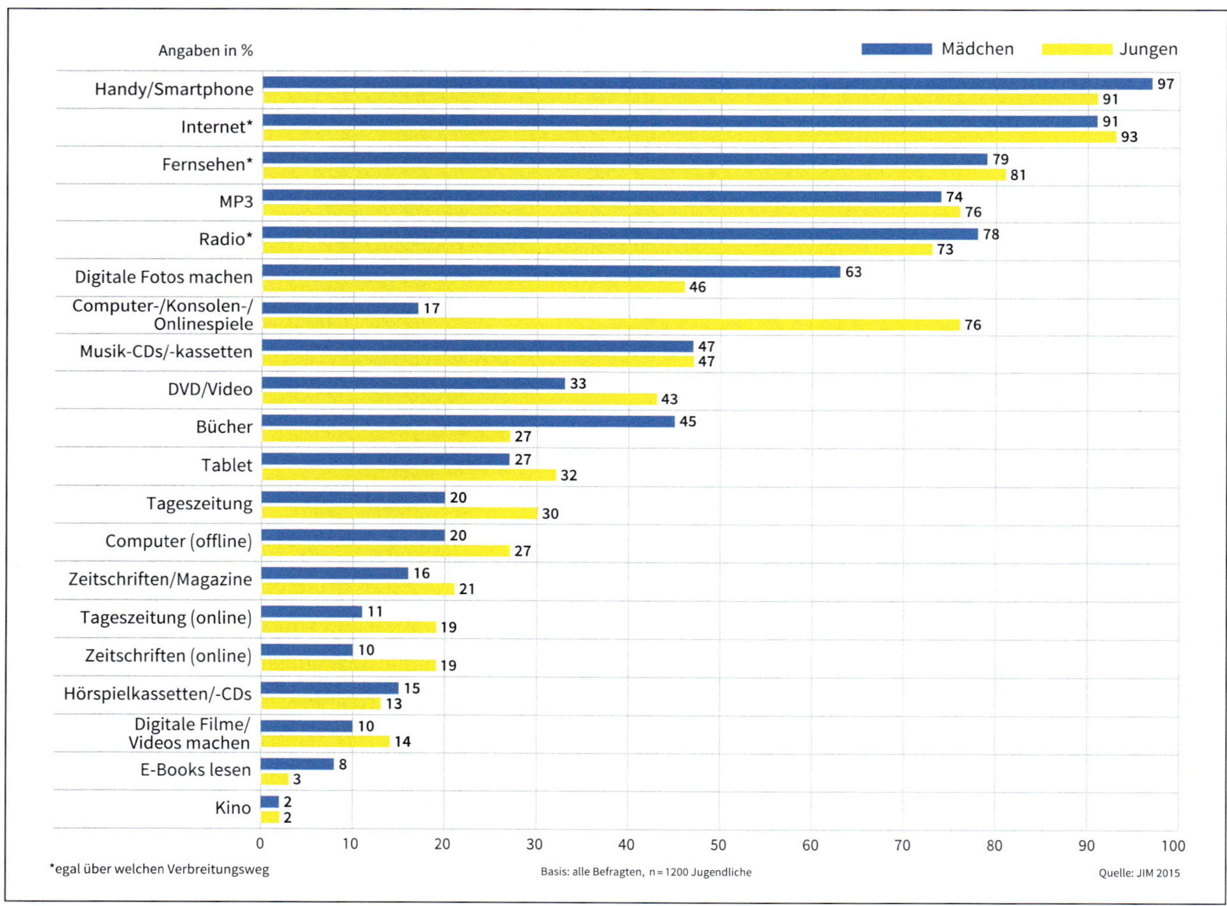

Abb. 1: Mediennutzung Jugendlicher im Alter von 12 bis 19 Jahren täglich bzw. mehrmals pro Woche

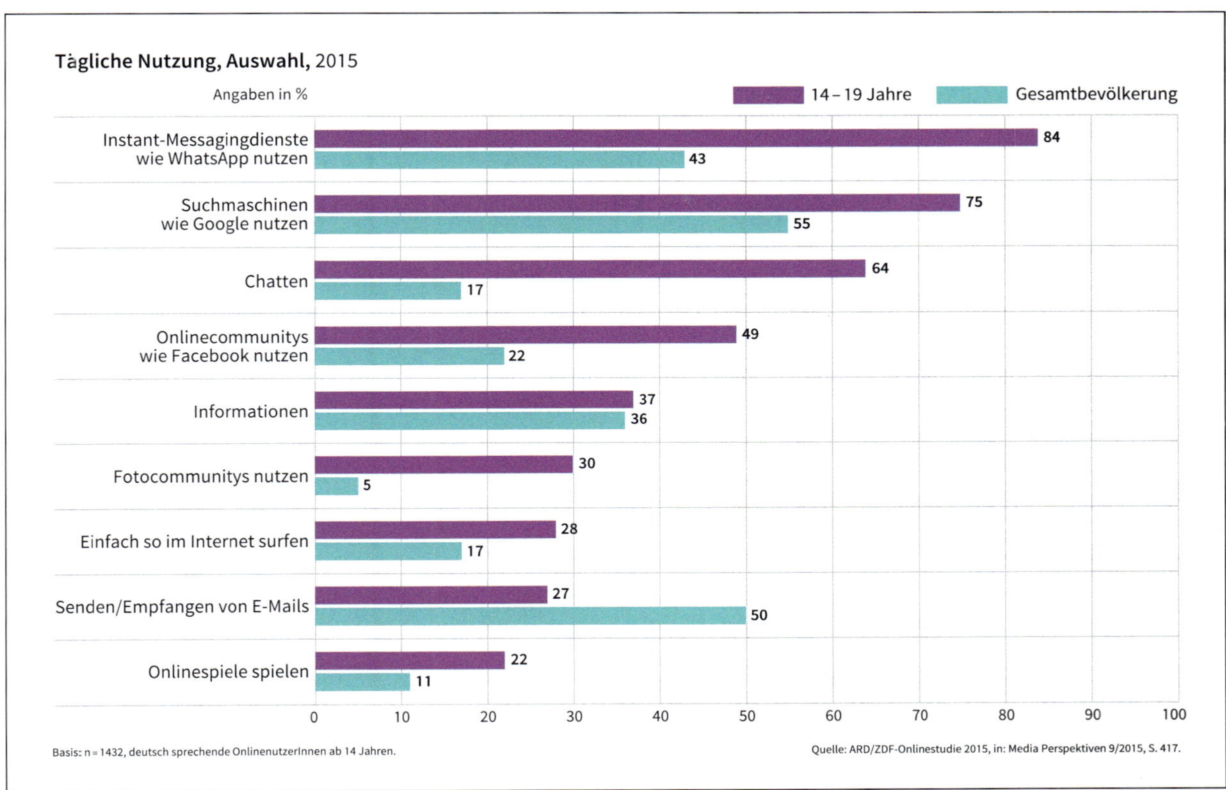

Abb. 2: Nutzung des Internets – Vergleich der Gesamtbevölkerung mit den 14- bis 29-Jährigen

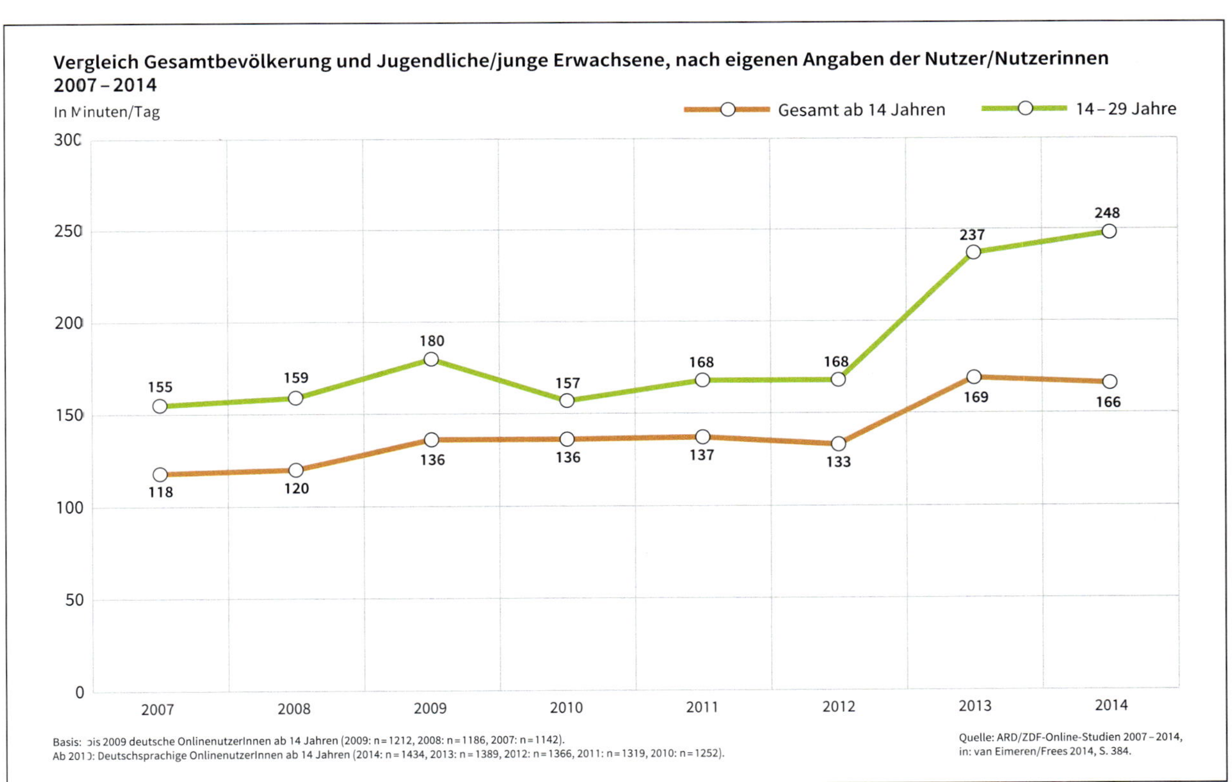

Abb. 3: Umfang der Internetnutzung – Vergleich der Gesamtbevölkerung mit den 14- bis 29-Jährigen

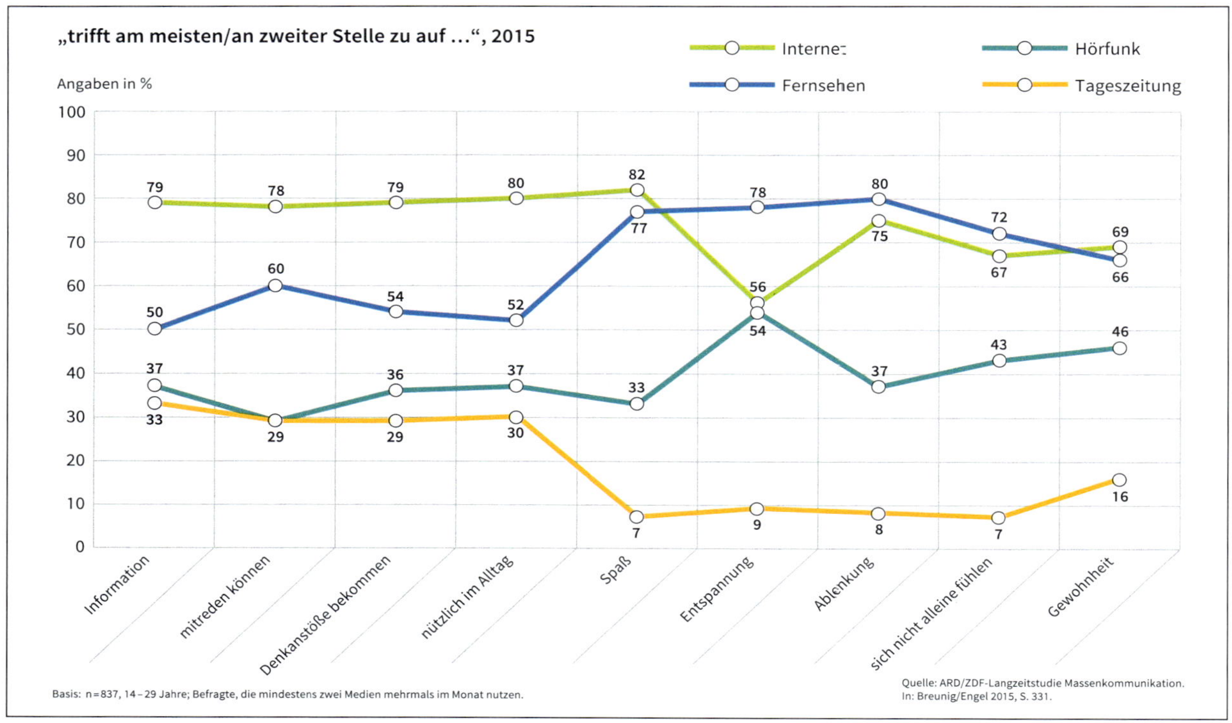

Abb. 4: Motive für die Mediennutzung bei den 14- bis 29-Jährigen

4. Lesen Sie die Informationen im Kasten und bereiten Sie einen kurzen mündlichen Vortrag zu den Ergebnissen Ihrer Analyse vor.

5. Beurteilen Sie, ob Kevins eingangs dargestellte Situation lediglich Fiktion bzw. allenfalls einen Einzelfall oder aber heutige Normalität darstellt. Bereiten Sie einen entsprechenden Kurzvortrag vor.

Information

Einen Kurzvortrag mit der TERRA-Methode vorbereiten

Die TERRA-Methode ist weniger eine Methode, sondern stellt vielmehr eine Eselsbrücke dar, damit Sie bei der Vorbereitung Ihres kurzen mündlichen Beitrags nichts vergessen.

T - Thema festlegen: Was wollen Sie mit Ihrem Referat erreichen *(Ziel)*?

E - Ergebnisse auswählen:
Welche der recherchierten Informationen sind wichtig *(Inhalt)*?

R - Reduzieren auf Oberbegriffe:
Wie lässt sich der Inhalt zu sinnvollen Einheiten zusammenfassen *(Struktur)*?

R - Rahmenbedingungen klären:
Wer hört Ihnen zu (*Zielgruppe*)?
Wie können Sie den Vortrag für Ihre Zuhörer möglichst anschaulich gestalten *(Anschauungsmaterial, Visualisierung)*?

A - Adressatengerecht sprechen:
Wie wollen Sie sich in Ihrem Vortrag konkret präsentieren *(Sprache, Mimik, Gestik usw.)*?

6. Diskutieren Sie mit Ihrem Nachbarn/Ihrer Nachbarin etwaige Warnzeichen für eine „Abhängigkeit“ von Medien.

7. Es gibt immer wieder Journalisten, Familien usw., die versuchen, einen Tag oder sogar eine Woche lang ohne die gängigen Medien, wie Radio, Fernsehen, Computer und Smartphone, zu leben. Versetzen Sie sich in die Lage der Probanden und verfassen Sie einen fiktiven Tagebucheintrag, in welchem Sie sich mit Ihrem Verzicht auseinandersetzen und die Möglichkeiten alternativer Freizeitgestaltung erörtern.

1.2 Was sind (neue) Medien? – Versuch einer Begriffsbestimmung

1. Beantworten Sie gemeinsam mit Ihrem Sitznachbarn die in der Kapitelüberschrift aufgeworfene Frage „Was sind (neue) Medien?“ und formulieren Sie eine eigene Definition.

Jochen Hörisch (geb. 1951)

Mediendefinitionen

Die Medienwissenschaft selbst ist eine vergleichsweise noch junge Disziplin und trotz zahlreicher Versuche existiert bislang keine allgemein anerkannte Definition des Begriffes „Medien“, welche alle Merkmale von Medien einschließt und diese von anderen Begriffen klar abgrenzt.
In dem vorliegenden Auszug aus seiner Publikation „Der Sinn und die Sinne“ unternimmt der deutsche Literatur- und Medienwissenschaftler Jochen Hörisch einen weiteren Versuch, indem er ausgewählte und zum Teil provokante Thesen aus der Medienforschung zusammenträgt, die aus seiner Sicht in besonderem Maße auf Medien zutreffen.

„Swammerdamm zog ... ein kleines Fernglas aus der Tasche, schob es lang aus und ging dem Feind zu Leibe, indem er laut rief: ‚Zieh, Verdammter, wenn du Courage hast!‘/ Schnell hatte Leuwenhoek ein ähnliches Instrument in der Hand, schob es ebenfalls auseinander und schrie: ‚Nur heran, ich stehe dir, bald sollst du meine Macht fühlen!‘ – Beide setzten nun die Ferngläser ans Auge und fielen grimmig gegeneinander aus mit scharfen mörderischen Streichen, indem sie ihre Waffen durch Aus- und Einschieben bald verlängerten, bald verkürzten.“ Schon E. T. A. Hoffmann[1] weiß in aller wünschenswerten Deutlichkeit und lange vor Marshall McLuhan[2]: **Medien sind Körperextensionen**. Mit medialer Hilfe dehnen wir die Reichweite unserer Sinne und unseres Körpers weit über seine kreatürlichen Grenzen hinaus aus. Im vierten Abenteuer seines späten „Märchens“ *Meister Floh* aus dem Jahr 1820 lässt der technofaszinierte romantische Erzähler, Komponist, Zeichner und Jurist E. T. A. Hoffmann zwei Erforscher ferner Welten einander mit ihren deutlich phallisch[3] konnotierten Ferngläsern zu Leibe rücken.
Damit spült er geistreiche Buchstabenmengen auf die Mühlen von Marshall McLuhans berühmte Mediendefinition. „Das Leitmotiv dieses Buches“, so heißt es in dem 1964 erschienenen Band *Understanding Media* (1970 kam die deutsche Übersetzung unter dem Titel *Die magischen Kanäle* auf den Markt), „ist der Gedanke, dass alle Techniken Ausweitungen unserer Körperorgane und unseres Nervensystems sind, die dazu neigen, Macht und Geschwindigkeit zu vergrößern.“ Philologen[4] leben weitgehend von dem Geschäft, alle vermeintlich revolutionären Gedanken evolutionär vorzudatieren und stolze Ideenträger mit dem Hinweis zu nerven: „Das Motiv gibt es schon bei xyz.“ Und natürlich ist es leicht möglich, etwa mit Hinweisen auf Pla-

[1] Ernst Theodor Amadeus **Hoffmann** (1776 – 1822) war ein deutscher Dichter der Romantik, der außerdem als Jurist, Komponist, Kapellmeister, Musikkritiker und Zeichner wirkte.
[2] Der kanadische Philosoph, Professor für englische Literatur, Literaturkritiker und Kommunikationstheoretiker Marshall **McLuhan** (1911 – 1980) legte mit seinem Hauptwerk „Understanding Media“ (1964) den Grundstein der heutigen Medientheorie.
[3] **Phallus** = (erigiertes) männliches Glied; meist Symbol für Kraft und Fruchtbarkeit
[4] **Philologie** = Wissenschaft, die sich mit der Erforschung von Texten in einer bestimmten Sprache beschäftigt

ton[1], [...] Leonardo da Vinci[2], E. T. A. Hoffmann, Walter Benjamin[3] [...] Köpfe zu benennen, die schon vor McLuhan auf die Idee kamen, Technik überhaupt als Körperextension und Medientechnik im Besonderen als Nerven- und Sinnesausdehnung zu verstehen. McLuhan aber hat erstens dieses Motiv der allgemeinen Techniktheorie ausdrücklich auf Medien bezogen und eben auch „das Nervensystem" in die These von der Körpererweiterung durch Technik einbezogen; und er hat zweitens mit einer an Nietzsche erinnernden Verve[4] „Geschwindigkeit und Macht" als die inhärenten[5] Triebkräfte der Medienentwicklung charakterisiert. Swammerdamm und Leuwenhoek kämpfen grimmig und mit mörderischen Streichen, und schnell sind sie allemal.

McLuhans Mediendefinition hat einen Nachteil – sie bewährt sich fast zu gut und in zu vielen Kontexten. Wer seine Stimme erklingen lässt, macht sich auch jenseits der Grenzen seiner jeweiligen Körperbefindlichkeit bemerkbar. Wer einen Brief schreibt, der seinen Bestimmungsort erreicht, ist auch an dem Ort und zu der Zeit präsent, wo und da er nicht (mehr) ist. Und die meisten unter den modernen Medien verraten ja schon durch ihre Bezeichnungen, dass sie als Körperextensionsapparate unsere Nahsinne und unseren Sinnhorizont erweitern wollen: „Tele"[6] ist ihr Lieblingspräfix[7]. Wer mit Teleskopen den Himmel absucht (oder auf Konkurrenten einschlägt), wer ein Telegramm schreibt, wer telefoniert, wer ein Telefax losschickt, wer vom Teleprompter abliest oder wer sich televisionär die Zeit vertreibt, sieht, hört und kommuniziert weit über die Grenzen hinaus, die die Reichweite seiner fünf Sinne und seine körperlichen Hier-und-Jetzt-Koordinaten vorgeben. [...]

Medien sind Interaktionskoordinatoren. Sie bringen zusammen, was zusammengehört oder zusammengehören will. Wir schreiben, telefonieren, buchen per Fax oder E-Mail und sehen Stauprognosen im Fernsehen, damit wir zusammen mit anderen zum rechten Zeitpunkt am rechten Ort sein können. [...]

Dass ich durch Geld- und Aktienbesitz in Regionen präsent bin, in denen ich nicht bin; dass ich „live" erfahre, was in Washington los ist; dass ich mit Freunden sprechen kann, die zehntausend Kilometer von mir entfernt sind; dass mir jemand kampflos seine wertvollen Güter überlässt; dass ich wissen kann, was Leute formuliert haben, die vor mehreren hundert Jahren gestorben sind; dass junge Soldaten an der Front aus dem Schützengraben heraus in den Tod stürmen, weil ein alter Generalstab im sicheren Hinterland das über Kabel befiehlt: All das und vieles andere mehr ist uns selbstverständlich geworden. Weil es Medien gibt. Wer sich die kindlich-philosophische Fähigkeit zum Staunen nicht durch allzu intensive Mediennutzung hat abtreiben lassen, wird schnell erfahren, wie hochgradig unwahrscheinlich all die genannten Fälle sind. Einer der Theoretiker, die im Verdacht stehen, überabstrakt zu denken und zu formulieren, verdankt die Faszinationskraft seiner Thesen nicht zuletzt dieser kindlichen Fähigkeit zum Staunen über das eben nur vermeintlich Selbstverständliche. Von Niklas Luhmann[8] (ist es sinnvoll, darüber erstaunt zu sein, dass sein Name signifikante Buchstaben mit dem von McLuhan teilt?) stammt eine der klügsten und am elegantesten auszubauenden Definitionen dessen, **was Medien sind – Unwahrscheinlichkeitsverstärker**.

An Beispielen aus unterschiedlichsten Kontexten, die diese Mediendefinition als besonders attraktiv erscheinen lassen, mangelt es nicht. Dass der zuvor hochangesehene Ex-Bundeskanzler ein in vielfacher Hinsicht zweifelhaftes Ehrenwort über Gesetze stellt, die er selbst mit beschlossen hat, ist unwahrscheinlich. Tägliche breite Berichterstattung „aller" Medienorgane lässt uns diese Unwahrscheinlichkeit langsam glauben. Dass Menschen auf dem Mond gelan-

---

[1] **Platon** (428/27 – 348/47 v. Chr.) war ein antiker griechischer Philosoph, der den literarischen Dialog als einzige angemessene schriftliche Form seines philosophischen Strebens nach der Wahrheit erachtete.

[2] **Leonardo da Vinci** (1452 – 1519) war ein italienischer Maler, Bildhauer, Architekt und Naturphilosoph, der als einer der berühmtesten Universalgelehrten aller Zeiten gilt.

[3] **Walter Benjamin** (1892 – 1940) war ein deutscher Philosoph, Kulturkritiker sowie Übersetzer französischer Literatur, der sich neben dem Studium Kants vor allem der Auseinandersetzung mit jüdischer Religiosität beschäftigte.

[4] **Verve** = Begeisterung

[5] **inhärent** = enthalten, inbegriffen

[6] **tele-, Tele-** (griech.) = weit, entfernt, in der Ferne

[7] **Präfix** = Vorsilbe

[8] Der Soziologe und Gesellschaftstheoretiker **Niklas Luhmann** (1927 – 1998) war einer der wichtigsten deutschsprachigen Vertreter der soziologischen Systemtheorie.

det sind, ist hochgradig unwahrscheinlich. Aber die von Millionen Menschen am TV-Bildschirm verfolgte Direktübertragung des kleinen Menschenschrittes auf dem anderen Stern macht es einigermaßen plausibel – und das Übertragungsereignis zu einem neomythischen[1] Ereignis der TV-Mediengeschichte. Dass ich einem geliebten und seit langer Zeit vermissten Menschen im Café wiederbegegne, ist unwahrscheinlich. Wenn ich mich mit ihm telefonisch verabredet habe, ist das Ereignis wiederum so erstaunlich nicht. [...]

Medien erbringen demnach genuin[2] dialektische[3] Leistungen. Sie bewirken nichts Geringeres als doppelte Negationen, lassen sie doch Unwahrscheinliches unwahrscheinlich werden. Was nichts anderes besagt als dies: Wunder werden üblich. Wir haben uns in dem Maße, wie Gesellschaften Mediengesellschaften werden, an Wunder aller Art gewöhnt. Dass wir Direktübertragungen von Sport- und Politikereignissen beiwohnen können, die zehntausend Kilometer (oder wie im Fall der Mondlandung kosmisch weit) von uns entfernt sind, wundert uns nicht mehr. Wirtschaftswunder haben per se eine profane[4] Dimension. Das Eigentümliche an medialen Wundern aber ist, dass sie funktionieren. Dadurch machen sie natur- beziehungsweise technikgemäß dem alten Wunder-Paradigma[5] das Leben schwer. [...]

Das Medium ist die Botschaft. Sinn macht ein Medium nicht so sehr im Hinblick auf die Botschaft, die es transportiert, sondern als das Transport-Medium, das es selbst ist. Was schlicht heißt: Die Welt des Analphabeten ist eine andere als die des Bewohners der Gutenberg-Galaxis als die des Televisionärs als die des Internet-Surfers. Und zwar weitgehend unabhängig davon, was der Bewohner der Gutenberg-Galaxis liest oder der Fern-Seher sieht und hört. Dass jemand liest und nicht fernsieht, macht einen größeren Unterschied, als dass A dieses und B jenes Buch liest beziehungsweise C im TV lieber Sportübertragungen und D lieber Gameshows sieht. McLuhans Grundeinsicht gilt schlicht deshalb, weil die jeweils diensthabenden Medien für gänzlich unterschiedliche Raum-Zeit-Strukturen, Aufmerksamkeitsfokussierungen und Sinn-Sinne-Konstellationen sorgen. *The medium is the message.*

(2001)

Aus: Hörisch, Jochen: Der Sinn und die Sinne. Eine Geschichte der Medien. Frankfurt/M.: Eichborn Verlag. 2001, S. 61 – 71

1. Klären Sie mit Ihrem Sitznachbarn/Ihrer Sitznachbarin Inhalt und Bedeutung der vier Thesen zu den zentralen Eigenschaften von Medien. Legen Sie hierfür in Ihrem Heft eine Tabelle nach folgendem Muster an:

	These 1	These 2	These 3	These 4
Inhalt				
Bedeutung				
...				

2. Ergänzen Sie die Tabelle um eine weitere Zeile, indem Sie zu den jeweiligen Thesen geeignete Beispiele zur Illustration notieren.

3. Nehmen Sie Ihre eigene Definition erneut zur Hand und überprüfen Sie, inwieweit Ihr eigenes Medienverständnis in dem vorliegenden Text wiederzufinden ist.

[1] **mythisch** = legendär, sagenhaft
[2] **genuin** = echt, unverfälscht, wahrhaftig
[3] **dialektisch** = in Gegensätzen denkend
[4] **profan** = alltäglich, gewöhnlich, normal, trivial
[5] **Paradigma** = Beispiel, Muster, Vorbild

1.3 Medienrevolutionen: Die geschichtliche Entwicklung der Medien

Hans-Dieter Kübler (geb. 1947)

Medien- und Massenkommunikation

In seiner wissenschaftlichen Abhandlung „Medien- und Massenkommunikation“ widmet sich Hans-Dieter Kübler, emeritierter Professor für Medien-, Kultur- und Sozialwissenschaften, unter anderem auch der Entwicklung der Medien seit Mitte des 15. Jahrhunderts. Der folgende Auszug aus dem entsprechenden Kapitel seines Werkes gibt dem Leser einen umfassenden Überblick über die Mediengeschichte.

Rückblickend werden inzwischen mindestens drei große Phasen der Mediengeschichte angesetzt, die insgesamt die immense Beschleunigung, Verdichtung und Vervielfältigung der Medienentwicklung erkennen lassen:

Mit der Erfindung des Buchdrucks in der Mitte des 15. Jahrhunderts beginnt die *erste* Phase der Mediengeschichte (sofern der Mediengriff eine technische Komponente berücksichtigt und nicht universell verstanden wird). Gutenbergs Erfindungen bewirken die Mechanisierung der Schriftproduktion durch die Herstellung, den Guss wieder verwendbarer, „beweglicher“ Lettern, der Druckerschwärze sowie der Verwirklichung in der Setzerei; sie setzt aber auch die Produktion neuen Trägermaterials, des Papiers, voraus, beschleunigt die mechanische Vervielfältigung durch die Druckerpresse und lässt erste professionelle Medienproduzenten (Drucker, Setzer, Binder, Verleger) entstehen. Ihre Genialität liegt also weniger in einer technischen Erfindung als in der Kombination und zweckorientierten Ausrichtung verschiedener Techniken, die teilweise schon bekannt sind, um das Ziel und den Bedarf einer rekursiven[1] Reproduktionsweise, der Mechanisierung und Verbreitung der Schrift, zu erfüllen. Außerdem begünstigt sie die weitere Herausbildung spezieller, allmählich anerkannter Wort- und Schriftproduzenten, der Autoren und Journalisten. Ferner etablieren sich vielfältige Distributionswege (Messen, Buchverkauf, Kolporteure[2]) und textliche Diversifizierungsformen[3] der zunächst aufwendig herzustellenden Druckmedien (Buch und seine Gattungen, Flugblatt, Kalender, Heft, Zeitung, Zeitschrift etc.).

Entlang den Verkehrswegen entstehen vergleichsweise rasch weitere Druckereien, gewissermaßen werden sie die ersten Nachrichtenstationen. Auf Messen – etwa in Frankfurt/M., später in Leipzig – werden die Drucke fassweise feilgeboten, Kolporteure tragen sie im Bauchladen durch die Lande, die ‚aktuellen‘, rasch verderblichen Geschichten werden als Flugblatt, Spruchbild, Heft, Kalender und andere Gebrauchstexte verhökert und dem leseunkundigen Publikum vorgelesen. Aus ihnen entwickeln sich allmählich die periodischen Druckmedien, in der ersten Dekade des 17. Jahrhunderts die ersten Zeitungen [...]. Zeitschriften, gelehrte wie populäre, kommen vorzugsweise im 18. Jahrhundert hinzu und verkörpern Ansporn und Geist der Aufklärung, den Aufbruch der Wissenschaften wie die Herausbildung des Bürgertums als nunmehr selbstbewusste, tonangebende Klasse. Verbreitung und Rezeption befördern Qualifizierungen (allmähliche Verbreitung der Lesefähigkeit, Bildungsanstrengungen) und Profilierung des Publikums sowie einzelner Gruppen in ihm wie der Frauen, der ‚niederen Stände‘ und der Jugend; sie regen auch zu neuen Gesellungsformen, in den Lesegesellschaften und bürgerlichen Salons, an [...].

Mitte des 19. Jahrhunderts lässt sich die *zweite* Phase der Medienentwicklung markieren; es beginnt die Phase der Massenmedien: zunächst mit der Rationalisierung der Produktion von Druckmedien durch Schnell- (seit 1811) und Rotationspresse (seit 1848) und der automatischen Zeilensetzmaschine Ottmar Mergenthalers (1854 – 1899), der Linotype, seit 1883. Es folgen erst-

---

[1] **rekursiv** = zurückgehend, zurückgreifend

[2] **Kolporteur** (frz. *colporteur* = Hausierer) = jemand, der Gerüchte verbreitet

[3] **Diversifikation** = Veränderung, Abwechslung, Vielfalt; Ausweitung des Sortiments bzw. Produktionsprogramms

mals ‚neue Medien', die weitere Kommunikationsformen ermöglichen und die vorhandenen diversifizieren[1]: Die Fotografie erlaubt seit Ende der 1830er-Jahre die mechanische Reproduktion von Wirklichkeit in Bildern, bald nach Beginn des 20. Jahrhunderts lassen sie sich auch im massenhaften Druck reproduzieren, und es entstehen Pressefotografie und Fotojournalismus („Illustrierte"). Die Telegrafie (durch Samuel Morse seit 1840) beschleunigt und verdichtet seit Mitte des 19. Jahrhunderts die Nachrichtenübermittlung und erzeugt die Vorstellung wie den Anspruch von Aktualität und den weltumspannenden Informationsaustausch. Ein Markt für Nachrichten formiert sich allmählich [...].

Insgesamt werden in den ersten beiden Phasen der Mediengeschichte Daten bzw. Informationen analog codiert, d. h., sie werden für den Transport, die Speicherung und/oder für die Präsentation von einem materiellen Zustand in einen anderen verwandelt. Ende des 19. Jahrhunderts werden die fotografischen Bilder beweglich, der Film entsteht und bewirkt als bald attraktives, unterhaltsames Massenmedium eine spezielle, sich rasch monopolisierende[2] Industrie, zunächst in New York, später in Hollywood [...]. Zusammen mit der sich rasant entwickelnden und sich beschleunigenden Zeitungsproduktion formieren sich in Deutschland die ersten Medienkonzerne [...], die Märkte und Köpfe zu beherrschen trachten. Die Telegrafie wird (ab 1897 durch Guglielmo Marconi) drahtlos und wandelt sich Anfang der 1920er-Jahre zum ersten elektromagnetischen Programmmedium, dem Hörfunk. Seit den 1870er-Jahren (durch Johann Philipp Reis, 1861, und Alexander Graham Bell, 1876) lassen sich Laute und Geräusche elektrisch über Leitungen transportieren, das Telefon wird das erste, sich schnell verbreitende technische Transportmittel für direkte, personale Kommunikation – wobei allerdings seine spezielle Nutzung nicht gleich feststeht, sondern sich erst allmählich herausschält [...].

Neben den technischen Innovationen wird der private Konsum immer wichtiger. Endgeräte kommen in die Haushalte, sie dienen der Verbreitung (Emission), Speicherung wie der adressatenorientierten Gestaltung medialer Botschaften. Der durch die nationalsozialistische Propagandapolitik forcierte und billig verbreitete „Volksempfänger"[3] wird zu einem solchen Massenartikel, sodass sich innerhalb von fünf Jahren, von 1934 bis 1939, die Teilnehmerzahlen von fünf auf zehn Millionen verdoppeln. [...] Die wachsende Werbung wird zum Katalysator zwischen Medienindustrie, -inhalten und Konsum. Die Produktion der Geräte industrialisiert sich zunehmend und benötigt entsprechend Investitionskapital: Nach dem Walzenphonographen (1877) [...] und der Schellackplatte (1897) entwickelt sich in den ersten Jahrzehnten des 20. Jahrhunderts die Tonaufzeichnung auf Schallplatte zum ersten populären Musikmarkt, der allerdings erst mit der Langspielplatte (1947) zur ansprechenden Qualität und erforderlichen Kapazität gelangt.

Ebenfalls in den letzten Dekaden des 19. Jahrhunderts werden die ersten privat nutzbaren Fotokameras zur Marktreife entwickelt: 1888 die Kodak-Boxkamera, 1895 die Pocket Kodak Kamera, sie geht als Erste in Massenserie; danach folgt die 8-mm-Filmkamera (ca. 1926). Für den Audiosektor werden das Tonbandgerät (ca. 1935), der Tonkassettenrecorder (ca. 1963) verfügbar [...]. Davor noch verbreitet sich seit den frühen 50er-Jahren das Fernsehen. Seit 1967 wird es farbig, und seit Mitte der 1980er-Jahre lässt es sich nicht mehr nur über terrestrische[4] Frequenzen, sondern auch über Kabel und Satellit verbreiten. Dadurch erhöht und internationalisiert sich sein Kanalangebot erheblich [...]. Auch für das Fernsehen steht in der ersten Dekade des 21. Jahrhunderts die digitale Übertragung an, die seit 1996 technisch möglich ist. [...] Seine private Reproduktion bewerkstelligen Videotape bzw. Videokassette, Videorecorder (seit ca. 1967) und Videokamera (seit ca. 1978), die ebenfalls vor ihrer digitalen Transformation – etwa durch die DVD (digital versatile disc) – stehen.

Die *dritte* Phase der Mediengeschichte lässt sich etwa ab den 1940er-Jahren ansetzen: Aus dem jahrhundertealten Streben der Menschen, mechanisch rechnen, Daten und Zahlen speichern

---

1 **diversifizieren** = das Sortiment bzw. Produktionsprogramm ausweiten

2 **Monopol** = Marktform, bei der ein alleiniger Anbieter den Markt beherrscht und somit den Preis diktieren kann

3 **Volksempfänger** = Radio zum Empfang von Mittel- und Langwellenrundfunk, welches im Auftrag von Reichspropagandaleiter Joseph Goebbels entwickelt und wenige Monate nach der Machtergreifung der Nationalsozialisten 1933 vorgestellt wurde; gilt als eines der wichtigsten Propaganda-Instrumente der nationalsozialistischen Regierung

4 **terrestrisch** = die Erde betreffend, zur Erde gehörend; hier: ohne Kabel bzw. Satellit

zu können, entwickeln Pioniergeister wie Alan M. Turing (1912–1954) ab 1936 und Konrad Zuse (1910–1995) ab 1937 die ersten Universalrechner bzw. Relaiscomputer. [...] Mit den 70er-Jahren beginnt die Revolution des Personal Computers durch Microsoft (ab 1975) und Apple (ab 1976), in den 80er-Jahren werden die Kapazitäten bis hin zum 486er-PC enorm gesteigert. Mit I(ntegrated) S(ervices) D(igital) N(etwork) steht ab 1985 erstmals ein Leitungsnetz zur Verfügung. In den 90er-Jahren lösen Pentium-Prozessoren die hergebrachten Chip-Rechner ab, und mit dem Internet steht nun einem ständig wachsenden Publikum ein weltweiter Daten-Highway zur Verfügung. Vernetzte Computer lösen zunehmend den solitären[1] PC mit Festplatte und Disketten ab.

Die technische Entwicklung des Internets beginnt Ende der 60er-Jahre – und zwar wie bei den meisten Medien im militärischen Kontext [...]. Die atomare Aufrüstung der beiden Supermächte, ihr Wettlauf im Weltall sowie die wachsende Notwendigkeit eines weltumfassenden Informations- und Kommandonetzes lassen das Pentagon, das amerikanische Verteidigungsministerium, nach einer neuartigen Vernetzung suchen, die weitgehend vor feindlichen Angriffen schützt und auch noch nach dem befürchteten atomaren Erstschlag funktionieren würde. Es vergibt dafür an seine 1958 eigens dafür gegründete Unterbehörde – genannt „DARPA" (Defence Advanced Research Project Agency) – einen Projektauftrag, die daraufhin bis 1969 das ARPANET entwickelt. Ende 1969 wird Telnet (Telecommunication Network), der erste Vorläufer von Online-Medien, installiert. [...] Mit dem Anfang Juli 1972 entwickelten Programm FTP (File Transfer Protocol) ist es vollends erreicht, dass zwei Rechner quasi miteinander kooperieren können, ohne dass der eine zum Terminal des anderen degradiert wird. Damit steht weltweit eine völlig dezentrale, beliebig kombinierbare Vernetzung zur Verfügung, die zudem die Daten nur portionsweise, gewissermaßen in kleinen Paketen, übermittelt: das Internet – als Sammelbegriff für die nun wachsenden diversen Dienste. [...]

Der Durchbruch als privates Online-Medium kommt, als über dieses Netz ebenfalls Anfang der 70er-Jahre elektronische Post (E-Mail) verschickt werden kann. Ab 1983 wird mit TCP (Transmission Control Programm) die einheitliche Adressierung der Rechner, das erste „echte Netzvernetzungsprotokoll", möglich [...]. Ebenfalls im Jahr 1983 gibt das Pentagon das Internet vollends für die zivile Nutzung frei, überall entstehen lokale Netze, und auch erste kommerzielle Nutzungen werden erprobt. Der gewaltige Boom verlangt immer weitere Standardisierungen, mit der Einführung des Domain-Name-Systems und dem eigenen Internet-Protokoll (IP), das mit TCP verkoppelt wird, eröffnen sich ab 1984 weitere Nutzungsmöglichkeiten von E-Mail und Usenet, über das Nachrichten getauscht werden können. Sprunghaft steigt nun die Zahl der Hosts – das sind Rechner mit zentralen Dienstleistungen für alle Netzteilnehmer bzw. für das Netz [...]. Doch ihre ausschließliche textbasierte Nutzung ist bis dahin vornehmlich eine Sache für Experten und Freaks, die sich mit den jeweils erforderlichen Befehlssystemen auskennen. Ab 1992 ändert sich diese Beschränkung grundsätzlich: Das World-Wide-Web (WWW) oder der WWW-Browser machen das Internet benutzerfreundlich, und diese Instrumente stehen deswegen heute – zumindest im alltäglichen Verständnis – als Synonym für alle Dienste des Internets. Die Entwicklung des WWW wird im europäischen Kernforschungszentrum (CERN) in der Schweiz von einem Forscherteam unter der Leitung von Tim Berners-Lee vollbracht, das sein Ziel, Computerdaten den Nutzern leichter zugänglich zu machen, mit dem seit längerem bekannten Konzept nichtlinearer Hyper-Texte verwirklicht. Dafür müssen zusätzlich zu TCP/IP ein Hyper Text Transfer Protocol (HTTP), eine neue Seitenbeschreibungssprache Hyper Text Markup Language (HTML) sowie eine neue, auf dem IP aufbauende Adressierung, ein Universal Resource Locater (URL), entwickelt werden. Mit ihnen wird eine nichtlineare, individuell optionale Strukturierung von Daten möglich, die mit einer URL hinterlegt werden und mittels Mausklick anzusteuern und zu laden sind. Außerdem lassen sich Verweise oder „Links" individuell nutzen: 1992 wird deshalb zum Startjahr der breiten und individuellen Internet-Nutzung weltweit [...].

1993 konstruiert der 22-jährige Student Mark Andreessen den WWW Browser, X-Mosaic, später Netscape genannt. Über seine benutzerfreundlichen Bedienungsoberflächen können nun auch Bildinformationen aus dem Internet abgerufen werden. Seine Nutzung wird neben E-Mail von den damals schon über zehn Millionen Teilnehmern am häufigsten wahrgenommen, denn

---

[1] **solitär** = einzeln

Internet ist nun nicht mehr das Medium für Experten, sondern verbreitet sich rasant in Beruf und Alltag. [...]

Längst ist Netscape nicht mehr der einzige Web-Browser. Sein heftigster Konkurrent ist seit Ende 1997 der Explorer, den der PC-Monopolist Microsoft technisch verspätet, aber marktwirksam ins Rennen schickte. Daneben existieren noch etliche kleinere, die ihre spezielle Leistungsfähigkeit haben. Immens sind die Erwartungen, grandios die Prognosen, die dem sogenannten E-Business, bald als „new economy" gefeiert, mit diesen universellen, zugleich beliebig spezifizier- und individualisierbaren Online-Kommunikations- und Interaktionsnetzen zugeschrieben werden: Eine gänzlich neue, eben nicht mehr materielle, sondern auf immateriellen Datentransfer und Informationsaustausch beruhende Infrastruktur – und dies zudem weltweit – wird annonciert[1], die Wirtschaft, Handel, Politik, Alltag, Konsum und Freizeit grundlegend umkrempelt.

Am auffälligsten ist dieser Boom inzwischen bei der mobilen Telefonie – vulgo[2]: Handy – ersichtlich. Nach technischen Vorläufern seit den 50er-Jahren schafft den Durchbruch das digitale zellulare Netz (GSM = Groupe Spécial Mobile, ein Zusammenschluss von Telekommunikationsfirmen aus 26 europäischen Ländern) seit Ende der 80er-Jahre in fast 200 Ländern zugleich: 1992 gehen die beiden Konkurrenten D 1 (Telekom) und D 2 (Mannesmann) auf den Markt. Die Zuwachsraten explodieren in wenigen Jahren, sodass inzwischen bei etwa 40 Mio Teilnehmern eine Sättigung erreicht sein dürfte. Mit dem neuen Kapazitätsstandard UMTS (Universal Mobile Telecommunications System), deren Lizenzen die Anbieter in Deutschland für fast 50 Milliarden € vom Staat ersteigern müssen, sucht die Branche die Integration von Computer, Internet, Video und Telefonie, mindestens auf dem handlichen Display zu erzielen.

WWW und Internet [sind] aus dem gewerblichen wie privaten Alltag nicht mehr wegzudenken und werden ihre technischen wie kommunikativen Weiterentwicklungen gewärtigen, wenn auch nicht mehr in der Rasanz und den gigantischen Ausmaßen, wie ihnen vor wenigen Jahren noch prognostiziert wurde [...].

Aus medientechnischer Sicht besteht weitgehend Einigkeit, dass mit Gutenbergs Drucktechnik und den daraus folgenden Veränderungen für Schrift, Kommunikation und Kultur die erste Kommunikationsrevolution erfolgt ist, über deren strukturelle Auswirkungen seither unentwegt räsoniert[3] wird, nicht zuletzt aus heutiger Sicht, mit Blick auf die anstehenden Transformationen: nicht nur hinsichtlich der Entstehung des modernen Literaturmarktes, der Entwicklung der Printmedien und der Verbreitung der Lesefähigkeit, sondern auch und vor allem hinsichtlich der Herausbildung der Wissenschaften, von Tradition und der Kultur – etwa der Renaissance der Antike –, der Formierung des Bürgertums und seiner politischen Forderungen nach Öffentlichkeit und Demokratie sowie der Entwicklung individueller Bildung bis hin zu Fähigkeiten der sequenziellen[4] Wahrnehmung und des logischen Denkens.

Ob man die Phase ab Mitte des 19. Jahrhunderts bis Mitte des 20. Jahrhunderts, in der sich die modernen Massenmedien – also Massenzeitung, Kinofilm, Hörfunk und Fernsehen – formieren und – zusammen mit dem Modell der Massengesellschaft – das Phänomen der Massenkommunikation [...] konstituieren, als zweite Kommunikationsrevolution aufwerten oder eben nur als technische Weiterentwicklung, mithin als Elektrifizierung, Kombination sowie optoelektrische[5] Integration von Texten, Tönen und Bildern registrieren will, wird unterschiedlich beurteilt. Jedenfalls prägt die Massenkommunikation die moderne Gesellschaft, Kultur und Kunst nachhaltig, erzeugt Standardisierung, [...] katapultiert die Medienindustrie mit an die Spitze ökonomischer Wertschöpfung, bringt eine Vielzahl von Medienberufen hervor und expandiert Werbung zum omnipräsenten Ferment[6] für Konsum, aber auch für viele anderen Lebensbereiche, vom Sport bis hin zur Kunst.

Mit der Entwicklung der Mikroelektronik, Telekommunikation und weltweiten Vernetzung ist die dritte Kommunikationsrevolution voll im Gang. Technisch löst sie die analoge Übertragung

---

[1] **annoncieren** = ankündigen, bekannt geben
[2] **vulgo** = alias, also
[3] **räsonieren** = nachdenken
[4] **sequenziell** = hinter-, nacheinander, fortlaufend
[5] **Optoelektronik** (Kurzwort: Optronik) = Teilgebiet der Elektronik, das die auf der Wechselwirkung von Optik und Elektronik beruhenden physikalischen Effekte zur Herstellung besonderer elektronischer Schaltungen ausnutzt
[6] **Ferment** = Enzym, Gärstoff

durch die digitale ab, die unbegrenzte Speicherung und Übertragung, egalitäre Konversion in alle Formate und beliebige Multimedialität, Interaktivität und permanenten Rollentausch, Echtzeit und Virtualität ermöglicht. [...]
Immer kleiner, flexibler, leistungsfähiger und billiger werden die elektronischen Geräte, bis sie letztlich in andere Geräte integriert oder gar in menschliche Körperteile implantiert werden: Vom gigantischen Zentralcomputer führt die Entwicklung durch ständig steigenden Kapazitätszuwachs, gleichzeitige Verkleinerung der Hardware, enorme Komplexitätssteigerung der Software, durch Preis- und Kostenreduzierung zum isolierten PC, dann zu den digitalen Netzen und endlich zur möglichst vollständigen, automatisierten („intelligenten") Schnittstelle bzw. Integration aller Informations- und Kommunikationsaufgaben durch Multimedia [...].
Immer rasanter vollziehen sich auch Innovationen und Verbreitungen: Brauchte es noch 38 Jahre, bis 50 Mio. Menschen einen Radio-Apparat hatten, 13 Jahre, bis sie über ein Fernsehgerät verfügten, so dauerte es nur noch drei Jahre, bis es 50 Mio. Internet-Nutzer gab. Dennoch existieren die meisten Medien aller drei Phasen nebeneinander und werden genutzt. Mit jedem neuen technischen Schub haben sich funktionale Differenzierungen insbesondere in der Nutzung und entsprechend in den Formen und Inhalten ergeben, aber keines der substanziellen Medien ist gänzlich verschwunden. Deshalb sieht die Kommunikationswissenschaft für den Medienwandel die von dem Historiker Wolfgang Riepl (1913) [...] früh formulierte Erkenntnis bestätigt, wonach ein neues Medium ein altes nicht gänzlich verdrängt, sondern sich jeweils neue komplementäre Funktionen und Nutzungsweisen ergeben [...]. *(2003)*

Aus: Kübler, Hans-Dieter: Medien- und Massenkommunikation: Begriffe und Modelle. In: Ders. (Hrsg.): Kommunikation und Medien. Eine Einführung. Münster: LIT Verlag 2003, S. 91 – 129

1. Lesen Sie die umfangreichen Ausführungen Hans-Dieter Küblers zur Entwicklung der Medien. Nutzen Sie bei Bedarf die Fünf-Schritt-Lesemethode.

Information

Fünf-Schritt-Lesemethode

Sachtexte sind ein wichtiger Bestandteil des (Deutsch-)Unterrichts. Um insbesondere längere und komplexere Texte besser verstehen zu können und die hier gegebenen Informationen zu behalten, hat sich die sogenannte Fünf-Schritt-Lesemethode bewährt:

Schritt 1: Überfliegen
Verschaffen Sie sich einen groben Überblick über den Inhalt, indem Sie den gesamten Text zügig lesen und dabei auf (Teil-) Überschriften, Fettgedrucktes oder sonstige Hervorhebungen achten.

Schritt 2: Fragen
Überlegen Sie, auf welche Fragen der Text eine Anwort gibt, und notieren Sie sich diese zur Sicherheit. Schlagen Sie die Ihnen unbekannten (Fremd-)Wörter nach und notieren Sie deren Bedeutung stichwortartig neben oder unter dem Text.

Schritt 3: Lesen
Lesen Sie den Text gründlich. Gehen Sie dabei abschnittweise vor und markieren Sie wesentliche Aussagen im Text.

Schritt 4: Zusammenfassen
Formulieren Sie für jeden Abschnitt eine Kernaussage, welche dessen Inhalt bzw. Sinn in eigenen Worten wiedergibt. Notieren Sie diese neben dem Text oder auf einem Notizzettel

Schritt 5: Wiederholen
Lesen Sie den Text noch einmal zügig durch, klären Sie eventuell noch offene Fragen und wiederholen Sie die wichtigsten Aussagen bzw. Informationen des Textes, indem Sie die zuvor notierten Fragen beantworten.

2. Wählen Sie eine der drei Phasen der Mediengeschichte aus und beschreiben Sie diese stichwortartig mithilfe der Ausführungen Küblers. Notieren Sie Ihre Ergebnisse im oberen Teil des Kastens.

Erste Phase der Mediengeschichte (ab Mitte des 15. Jh.)

→ *1. Medienrevolution*
ausgelöst durch ______________________ Medien, z. B.:

Zweite Phase der Mediengeschichte (ab Mitte des 19. Jh.)

→ *2. Medienrevolution*
ausgelöst durch ______________________ Medien, z. B.:

Dritte Phase der Mediengeschichte (ab Mitte des 20. Jh.)

→ *3. Medienrevolution*
ausgelöst durch ______________________ Medien, z. B.:

3. Bereiten Sie mithilfe Ihrer Aufzeichnungen einen kurzen mündlichen Vortrag vor.

4. Finden Sie sich mit zwei weiteren Kursteilnehmern, die sich mit den anderen Stationen der Mediengeschichte beschäftigt haben, zusammen und halten Sie Ihr Kurzreferat.

5. Diskutieren Sie in Ihrer Gruppe die Erfindungen, welche aus Ihrer Sicht besondere Wendepunkte in der Mediengeschichte markieren.

6. Lesen Sie die Informationen im Kasten und stellen Sie Bezüge zum Text her. Erläutern Sie in diesem Zusammenhang den Begriff der Medienrevolution und ergänzen Sie das Schaubild auf Seite 17 entsprechend.

Information

Medientypen

Unter *primären Medien* werden nach H. Pross (1972) Medien verstanden, bei denen weder Sender noch Empfänger ein technisches Hilfsmittel benötigen. Die Kommunikation erfolgt verbal oder nonverbal von Körper zu Körper („Menschmedien“).
Bei *sekundären Medien* hingegen wird auf der Seite des Senders ein technisches Hilfsmittel zur Übertragung der Information eingesetzt (Schreib- und Druckmedien), während der Empfänger kein Gerät benötigt. Die Übertragung des Inhalts geschieht somit vom Gegenstand zum Körper durch das „Lesen“ von Buchstaben, Zeichen oder Signalen.
Tertiäre Medien setzen sowohl auf Sender- als auch auch Empfängerseite entsprechende technische Hilfsmittel voraus. Die Nachricht wird folglich von Gerät zu Gerät übertragen, worunter vor allem die modernen Massenmedien wie Fernsehen und Hörfunk (elektronische Medien) fallen.

Um der zunehmenden Digitalisierung von Medien gerecht zu werden, erweitert M. Faßler (1997) die bisherige Medieneinteilung um die Kategorie der *quartären Medien* (digitale Medien). Der Informationsaustausch erfolgt hierbei zwischen Computern, die zudem miteinander vernetzt werden können. Hierdurch wird nicht nur globale Kommunikation möglich, vielmehr müssen Sender und Empfänger nicht zwingenderweise zu gleicher Zeit anwesend sein, wie etwa die flexible Abrufbarkeit von E-Mails zeigt.

7. Schreiben Sie Küblers „Abriss der Mediengeschichte“ fort, indem Sie diesen um jüngste Entwicklungen, die sich gegenwärtig abzeichnen, ergänzen.

1.4 Einführung in die Medienkritik

1.4.1 Soziale Netzwerke – Zwei konträre Positionen?

Diesen Lernabschnitt sollen Sie sich selbstständig im Rahmen eines sogenannten **Lerntempoduetts** erarbeiten. Hinweise zum Ablauf dieser Methode finden Sie im Anschluss an die zu bearbeitenden Texte (S. 24 f.).

Text A

Kati Krause (geb. 1982)

Soziale Netzwerke. Facebooks psychische Störung

Die nach London und Barcelona nun in Berlin lebende Kati Krause ist Autorin, Magazinmacherin und Medienberaterin, vor allem im digitalen Bereich. In ihrem Beitrag berichtet sie von ihren eigenen Erfahrungen mit den sozialen Medien und deren Auswirkungen auf ihren Alltag.

Wieder ein Dopamin[1]-Ausstoß. Wieder diese unechte Kommunikation. Wieder dieser Neid. Wie ich lernte, dass soziale Medien Gift sind für depressive Menschen.

Zum ersten Mal löschte ich die Facebook-App im Oktober 2014 von meinem Telefon. Es war keine wohlüberlegte Entscheidung. Es fühlte sich eher so an, als würde ich eine halb geleerte Packung Eiscreme wegschmeißen, um mir nicht an dem Rest den Magen zu verderben. Oder so, als würde ich die Nummer eines Typen löschen, der ganz sicher nicht mein Bestes im Sinn hat. Es war eine Panikreaktion meines Verstands, der meine tierischen Instinkte daran hindern wollte, mir weiteren Schaden zuzufügen.

In besagtem Oktober hatte ich den ersten Depressionsschub seit mehr als zehn Jahren. Sobald ich verstanden hatte, was los war (es dauerte eine Weile), zog ich mich schnell aus der Arbeit zurück und begab mich in die Obhut meiner engsten Freunde und in die sichere Ruhe meiner Wohnung. Ich versuchte, Bücher zu lesen – und scheiterte. Ich versuchte, Filme zu gucken – und konnte mich nur wenige Minuten lang darauf konzentrieren. Meine Aufmerksamkeitsspanne war zu einem Würmchen zusammengeschrumpft. Also klammerte ich mich an mein Smartphone und wechselte stundenlang zwischen Facebook, Instagram und Twitter hin und her. Nicht um etwas zu posten – ich konnte ohnehin keinen Gedanken fassen –, sondern um zu konsumieren. Und mit jeder Aktualisierung der Timeline[2] wurde es schlimmer.

Es war ein mir völlig neues Gefühl, wie eine besonders bösartige Droge: Mein Herzschlag wurde schneller, eine Welle der Wärme und Geborgenheit überkam mich und gleich nach ihr eine trostlose und angespannte Leere. Egal wie sehr ich das Gefühl festzuhalten versuchte, es floss mir durch die Finger, jede schwindende Welle hinterließ noch größere Verzweiflung – und doch wollte ich nichts mehr, als dass die wohlige Wärme zurückkehrte. *Pull to refresh.*

Ich musste raus aus diesem Teufelskreis. Niemand konnte mir dabei helfen, weil ich gar nicht wusste, wie ich es erklären sollte. Es gab nur ab und zu Momente, in denen sich der Nebel kurz lichtete und ich erkennen konnte, dass gerade etwas Schlimmes passierte. Ich wartete auf einen dieser Momente, sammelte all meine Energie und traf, zumindest erschien es mir damals so, eine der wichtigsten Entscheidungen in meinem Leben: Ich löschte die Facebook-App. Danach Instagram. Dann Twitter. Ich stellte alle Benachrichtigungen aus, und das waren viele. Bis auf SMS und Anrufe meiner besten Freunde und Familie war mein Telefon nun still. Plötzlich war die Welt viel kleiner, viel besser zu bewältigen, viel vertrauter. Ich konnte mich erholen. Und

---

1 **Dopamin** = biogenes Amin und wichtiger Neurotransmitter; gilt aufgrund seiner antriebssteigernden, motivierenden Wirkung im Volksmund als Glückshormon

2 **Timeline** = Übersicht auf einem Smartphone, in der alle neu eingegangenen Nachrichten aufgelistet werden; Push-Benachrichtigungen

ein paar Wochen später, ohne dass ich groß darüber nachdachte, war ich zurück in den sozialen Netzwerken.

Vielleicht suchte ich nach Halt

Es hätte das Ende der Geschichte sein können, wenn meine Depression nicht im Frühjahr mit aller Macht zurückgekehrt wäre. Sie stieß mich wieder zurück in den schrecklichen Teufelskreis. Weg mit den Apps. Vielleicht suchte ich nach Halt und vielleicht erschienen mir pseudowissenschaftliche Untersuchungen als stabiler Strohhalm – jedenfalls wollte ich diesmal verstehen, was mit mir geschah.
Schnell stellte sich heraus, dass ich nicht die Einzige war, der es so ging. Meine Freunde und Bekannten, die Phasen der Depression hinter sich hatten, erzählten alle Ähnliches: Während einer Depression sind soziale Medien tabu. Manche hatten sich Auszeiten genommen. Andere hatten ihre Konten gelöscht. Einer hatte von seinem Therapeuten die Anweisung bekommen, Facebook zu verlassen. Keiner von ihnen hat sich darüber tiefere Gedanken gemacht. Die meisten sahen darin nur ein weiteres Mysterium der Depression, dieser merkwürdigen Krankheit [...].

Übliche Symptome: Sie haben *sehr* wenig Energie. Sie können sich nicht konzentrieren. Sie sind nicht in der Lage, mit anderen Menschen umzugehen. Sie können keine Belastungen ertragen. Möglicherweise haben Sie Kopfschmerzen, Rückenschmerzen, Schlafstörungen und sehr schwankenden Appetit. Meistens sind Sie nicht einmal besonders traurig, sondern eher katatonisch[1]. Sie fühlen eigentlich gar nichts. Nur, dass Sie ein Verlierer sind. [...]
Experten halten einen negativen Zusammenhang [zwischen depressiver Veranlagung und der Nutzung sozialer Netzwerke] für so selbstverständlich, dass er keiner besonderen Erwähnung mehr bedarf. „Sicher, das kommt sehr häufig vor", antwortete meine Psychiaterin an der Berliner Charité nüchtern auf die Frage, ob ihre anderen Patienten mit Depressionen auch Probleme mit Social Media hätten. „Eine hat sogar gerade ihr Telefon weggeworfen." Soziale Netzwerke und ständige Erreichbarkeit erzeugten eben Stress, sagte sie. „Außerdem möchte man nicht sehen, wie schön das Leben anderer Leute ist, wenn man eine Depression hat."

Social Media und Depressionen sind inkompatibel

Die Suche nach weiteren Antworten führte mich in die Chefetage zu Isabella Heuser, der Direktorin der Klinik für Psychiatrie und Psychotherapie an der Charité. Sofort bestätigte sie die Einschätzung meiner Psychiaterin, nach der Depressionen und Social Media inkompatibel sind. [...]
Also legte ich ihr die Ergebnisse meiner Selbstbeobachtung dar:

1. Ich war nicht mehr in der Lage, mich selbst in den sozialen Medien darzustellen. Bisher war ich durchs Leben gegangen und hatte es im Geiste zu Tweets formatiert und nach Bildmotiven für Instagram Ausschau gehalten. Das war jetzt unvorstellbar. Allein der Gedanke daran setzte mich unter so großen Druck, dass sich meine Kiefermuskulatur verkrampfte.
2. Der ständige bewusste Vergleich mit anderen war zum akuten Problem geworden.
3. Ich spürte ein starkes Verlangen nach sofortiger Genugtuung, das sich gleichsam sehr schädlich anfühlte und meine ohnehin geringe Aufmerksamkeitsspanne noch mehr beeinträchtigte.

Neidisch auf das eigene Facebook-Leben

„Nun, *das* ist ja physiologisch ganz gut zu erklären", sagte Heuser zum letzten Punkt. „Durch Ihre tägliche Beschäftigung mit sozialen Medien hat Ihr Gehirn gelernt, dass auf das Einloggen ein angenehmes Gefühl folgt. Eskapismus[2]. Ich bin weg von dieser Welt, in einer Welt, die ei-

---

[1] **Katatonie** = Schizophrenie mit Krampfzuständen der Muskulatur und Wahnideen
[2] **Eskapismus** bezeichnet in der Psychologie die Flucht aus oder vor der realen in eine imaginäre, vermeintlich bessere Welt; Realitäts-, Wirklichkeitsflucht

gentlich positiv ist. Das ist Dopamin, die Vorfreude, die können Sie noch erleben. Aber das positive Gefühl danach, das kann der Organismus nicht mehr hervorrufen. Das ist ein klassisches Symptom der Depression. Sie spüren weder Freude noch eine Verbindung zu anderen Menschen." Und weil mein Gehirn sich daran erinnere, wie sich Freude mal anfühlte, sei deren Abwesenheit, die Leere, jetzt umso schmerzhafter, erklärte sie. Warum es mir so schwer fiel, den Verlockungen des besagten Dopamins zu widerstehen, lag ebenso auf der Hand: „Der Wille hat ja auch viel mit Energie zu tun. Und eine Depression ist dadurch gekennzeichnet, dass man keine Energie hat." Meine Aufmerksamkeitsspanne, falls sie denn vorher schon gering gewesen sei, könne durch die Depression einfach in einen Bereich verschoben worden sein, den ich nicht mehr aushalten konnte.

Also medizinisch gar nicht so kompliziert. Aber was war mit dem plötzlichen Gefühl der Minderwertigkeit? Ich nannte Heuser ein besonders krasses Beispiel: Kurz vor meinem zweiten Zusammenbruch hatte mich eine befreundete Künstlerin gebeten, an einem Videoprojekt teilzunehmen, das untersuchte, wie wir uns selbst und unsere Errungenschaften online und offline darstellen. Ich sollte ein paar meiner Social-Media-Einträge vorlesen. Also nahm ich mir meinen Facebook-Feed vor und suchte nach Material. Je weiter ich zurückging, desto neidischer wurde ich auf die Darstellung meines eigenen Lebens. Da waren meine strahlenden Zeilen aus Istanbul, Tokio und New York, meine Abenteuergeschichten aus dem Westjordanland und von der Ostsee, all die Artikel, die ich geschrieben und die Magazine, die ich gestaltet hatte, meine klugen Kommentare zum Weltgeschehen, allesamt vergoldet durch Likes und Kommentare von Leuten, die ich irgendwann mal getroffen hatte (oder auch nicht). Der unumstößliche Beweis, dass ich früher erfolgreich, beliebt, fröhlich und sogar glücklich gewesen war. Als ich zwölf Monate zurückgescrollt hatte, überkam mich ein so heftiges Selbstmitleid, dass ich die Aktion abbrechen musste.

Ein großer vielstimmiger Monolog

Professor Heuser dachte kurz nach. „Das hat nur mittelbar mit sozialen Medien zu tun", sagte sie dann. „Depressive sind ungeheuer kreativ, wenn es darum geht, sich davon zu überzeugen, dass sie Loser sind. Wir leben aber in einer Welt, die hyperkommunikativ ist – sie ist ja nicht wirklich kommunikativ, sondern narzisstisch[1]. Narzisstische Selbstdarstellung unter dem Tarnmantel der Kommunikation und des Teilens. Man teilt aber nicht wirklich was, sondern man klebt sich an eine Posterwand, an der hoffentlich ganz viele Leute vorbeikommen und einen dann liken. Das ist die narzisstische Zufuhr. Ein großer vielstimmiger Monolog, eine Kakophonie[2]. Jeder postet etwas, aber man bezieht sich nicht wirklich aufeinander."

Das war sicherlich keine neue Kritik an sozialen Medien oder an der heutigen Kultur. Unter anderen Umständen hätte ich sie als technikfeindlich abgetan. Aber nach zehn Jahren Social-Media-Nutzung verstand ich zum ersten Mal, nein, ich fühlte es körperlich, dass etwas dran war an der Kritik und dass ich die ganze Zeit gute Mine zum bösen Spiel gemacht hatte. [...] Ein gesunder Mensch mag einen gekünstelten Dialog im schlimmsten Fall ermüdend finden. Doch für jemanden, der unter Depressionen leidet, kann die Oberflächlichkeit in den sozialen Medien regelrecht schädlich sein. [...]

Auf dem Weg in die kollektive Depression

[Medienexpertin und Autorin Deanna] Zandt sieht die Schuld bei der Technologiebranche, die auf Reinheit fixiert sei. Dies führe dazu, dass unsere Selbstdarstellung und unsere tatsächlichen Gefühle immer weiter auseinanderklaffen. „Das führt uns auf einen gefährlichen Weg in die Entfremdung. Nicht nur voneinander, sondern auch von uns selbst. [...] [I]hre Forderung ist klar: Digitale Kultur sollte Freiraum lassen für Echtheit, Verbindungen, Verletzlichkeit – kurz: für Intimität. [...]

Ich verbannte falsche Nähe und oberflächliche Interaktion schonungslos und konzentrierte meine wenige Energie auf echte Verbindungen. [...] Und ich lernte, mich als wertvollen Men-

---

[1] **narzisstisch** = selbstsüchtig, ichbezogen, voller Eigenliebe

[2] **Kakophonie** = Missklang, Dissonanz

schen zu begreifen, der auf die Bestätigung durch Twitter-Favs[1] nicht angewiesen ist. [...] Mittlerweile bin ich seit sieben Monaten größtenteils raus aus den sozialen Medien. Ich habe auch alle anderen Apps gelöscht, die mit Dopamin-Ausschüttung locken und eine Flucht vor der Realität bieten, Shopping-Apps oder Spiele zum Beispiel. Wenn ich vor der Realität fliehen will, lese ich einen Roman, und wenn ich mich nicht konzentrieren kann, gehe ich spazieren. Mein Telefon lasse ich jetzt oft zu Hause. [...] Damit geht es mir viel besser. Ich wünsche mir manchmal, ich wäre stark genug, um mein Facebook-Profil zu löschen – meiner Meinung nach ist Facebook das gefährlichste aller sozialen Netzwerke. [...]

Zwangsläufig werde ich, wie viele andere Menschen auch, meinen eigenen Umgang mit sozialen Netzwerken finden müssen, so wie ich auch mit den überall verfügbaren zuckerhaltigen Lebensmitteln umgehen lernen musste: durch Aufklärung und Selbstbeherrschung. Ich erwarte nicht, dass mir Twitter oder Facebook dabei helfen, ebenso wenig wie ich Hilfe von der Firma Kraft[2] erwarte. Aber ich möchte die Risiken kennen, sei es wegen einer Neigung zu Diabetes oder eben zu Depressionen. *(2015)*

Aus: Krause, Kati: Soziale Netzwerke. Facebooks psychische Störung. In: DIE ZEIT vom 29. Dezember 2015. Hamburg 2015. Zitiert nach URL: www.zeit.de/entdecken/2015-12/social-media-depression-facebook-twitter (Abrufdatum: 8.6.2017). Übersetzung: Rabea Weihser

Text B

Stefan Niggemeier (geb. 1969)

Cybergesellschaft. Das wahre Leben im Netz

Der bei Osnabrück geborene Stefan Niggemeier war Anfang bis Mitte der 2000er-Jahre verantwortlicher Medienredakteur der Frankfurter Allgemeinen Sonntagszeitung, bevor er als freier Journalist für verschiedene namhafte Zeitungen und Zeitschriften, in denen seine Beiträge regelmäßig zu lesen sind, tätig wurde. Er ist mittlerweile zudem einer der bekanntesten Blogger Deutschlands und wurde für den von ihm mitgegründeten „BILDblog. Kritisches über deutsche Medien ‘ bereits mehrfach ausgezeichnet.

Wie gut kennen wir unsere besten Freunde aus dem Netz? Und ist eine online geschlossene Beziehung weniger wert, als eine echte zum Anfassen? Eine Analyse der Cybergesellschaft.

So haben wir uns den Cyberspace bisher vorgestellt: als elektronische Wüste ohne Ausgang in die Wirklichkeit. Am Dienstag vergangener Woche tauchte auf Facebook eine Suchmeldung auf. Wer den Publizisten und Internet-Unternehmer Robin Meyer-Lucht gesehen habe, solle sich dringend unter der angegebenen Telefonnummer melden.

Es dauerte nicht lange, bis die ersten Zyniker den Eintrag kommentierten: Da wolle sich wohl jemand mit einem geschmacklosen Marketing-Gag ins Gespräch bringen, man weiß doch, wie das geht, im Netz. Es war kein Marketing-Gag, wenig später wurde Meyer-Lucht tot aufgefunden. Nach der öffentlichen Suche im Internet begann die öffentliche Trauer im Internet. Menschen würdigten Robin Meyer-Lucht in ihren Blogs, in Kommentaren, auf ihren Profilseiten. Das Netz zeigte sich von seiner sozialen Seite und wahrhaftig als Netz: als Verbindung von Menschen, die Trauer um einen Verstorbenen eint.

Beim Lesen dieser Texte konnte man aber auch die Ahnung einer Leere bekommen; das Gefühl, dass viele den Menschen, dessen Verlust sie beklagten, nicht gut kannten. Dass sie einige Artikel kannten, vielleicht Teile seiner Biografie, aber nicht den Menschen. Noch deutlicher war das vor einigen Monaten, als plötzlich Jörg-Olaf Schäfers starb, Kolumnist dieser Zeitung, ebenfalls ein Netzaktivist, ebenfalls nicht einmal vierzig Jahre alt. Viele Einträge lasen sich wie Nachrufe auf einen unbekannten Freund.

---

1 **Favs** = Kurzform für Favoriten

2 Bis zur Fusion im Juli 2015 zur The Kraft Heinz Company stellte die **Kraft** Foods Group neben Lebensmitteln unter anderem auch Süßwaren her.

Wer wollte, konnte im Umgang mit diesen Todesfällen einen Beleg nicht für das Soziale im Netz sehen, sondern für dessen Oberflächlichkeit; dafür, dass die Nähe, die von den ganzen „Freundschafts"-Anfragen, dem Aufleuchten von Namen im Chatfenster, dem Folgen auf Twitter suggeriert wird, nur eine Illusion sei. Was sind sie wert, die Freundschaften, die wir im Internet pflegen? Und ist „pflegen" überhaupt das richtige Wort für etwas, das sich mit so wenig persönlichem Einsatz bewerkstelligen lässt? Ein „Gefällt mir"-Klick hier, ein lustiger Kommentar dort?
Unser Diskurs über das Internet wird von der Prämisse geprägt: Offline-Beziehungen seien richtige Beziehungen; Online-Gespräche seien keine richtigen Gespräche. Es ist, als würden im Internet die Computer miteinander kommunizieren, nicht die Menschen, die sie bedienen.

Ein vom Leben abgetrennter Raum

Als die Drogenbeauftragte der Bundesregierung in dieser Woche eine Studie über „Internetsucht" vorstellte, beschrieb der Direktor des Hamburger Zentrums für Interdisziplinäre Suchtforschung, Jens Reimer, die Anziehungskraft des Internets so: Die einzigartige Möglichkeit, online „soziale Kontakte zu pflegen", steigere bei bestimmten Personen die Bereitschaft, ihr „Sozialleben" in größerem Maß aufzugeben.
Ein Sinn ergibt dieser Befund nur, wenn man Online-Freundschaften nicht als reale Freundschaften wertet und den Austausch mit Freunden im Internet nicht als „Sozialleben" akzeptiert – wie es implizit auch die Drogenbeauftragte tut. Dabei sind die vermeintlich internetsüchtigen, angeblich vereinsamenden Jugendlichen in sozialen Netzwerken ganz besonders aktiv. Der Hamburger Medienforscher Jan Schmidt vermutet, es könne am ursprünglichen Begriff „Cyberspace" liegen, der als Metapher so überzeugend war, dass wir nun mit dem Bild eines vom wahren Lebens abgetrennten Raumes auf das Internet schauen. Vielleicht ist es schnöder Kulturpessimismus. Es könnte aber auch Ausdruck davon sein, dass das Internet als Aufenthaltsraum noch so neu und unfertig ist und wir im Umgang mit ihm so ungeübt. Ganz sicher bündelt sich in der Verteufelung des Internets aber auch die teils vage, teils sehr konkrete Angst vieler etablierter Institutionen vor dem Verlust an Macht und Kontrolle.

Den Cyberspace richtig nutzen

Dass wir dem, was im Internet passiert, die Echtheit absprechen, ist umso bemerkenswerter, als wir Kindern und Jugendlichen doch sonst, ganz im Gegenteil, vermitteln wollen, dass das Internet kein von der Welt abgekoppelter Raum ist und dass das, was sie online tun, offline Konsequenzen hat. Dass sie sich überlegen müssen, welche Fotos sie hochladen; oder dass ein verbaler Angriff in einem virtuellen Forum andere verletzen kann.
Die amerikanische Wissenschaftlerin Danah Boyd, die die Nutzung sozialer Netzwerke durch Jugendliche untersucht hat, beschreibt in ihrer Promotionsschrift „Taken Out of Context" anschaulich, wie sie lernen, dass virtuelle Erfindungen wie ein Freundesranking auf MySpace sehr handfeste Auswirkungen auf die tatsächlichen Beziehungen unter den Betroffenen haben. Die meisten Jugendlichen vernetzen sich online vor allem mit ihrem erweiterten Freundes- und Bekanntenkreis aus der Schule. Sie haben sehr realistische Vorstellungen darüber, dass nur ein kleiner Teil derjenigen, mit denen sie dort als „Freunde" verbunden sind, tatsächlich eine enge Beziehung zu ihnen haben, und wissen die anderen dennoch zu schätzen. Und obwohl vieles an der Art, wie digital kommuniziert wird, fundamental anders ist, erfüllt diese Kommunikation dieselben Bedürfnisse: Junge Leute suchen und finden ihre eigene Rolle, vergewissern sich ihrer Identität, entwickeln Beziehungen.

Das Internet als einsamer Fluchtort

Das findet an Orten statt, die sich der Kontrolle durch Erwachsene entziehen. Boyd erinnert daran, dass das immer schon so war. Früher verschwendeten die Jugendlichen ihre Zeit nicht in Chatrooms, sie lungerten in Einkaufspassagen oder auf Parkplätzen herum. Aber analog zur Stigmatisierung all dessen, was im Internet stattfindet, wird die vermeintlich reale Welt verklärt. Jeder Kinobesuch ist demnach dem Ansehen von Online-Videos unterlegen – das erste gilt als soziale Aktivität, das zweite bedeutet, egal wie intensiv der Austausch darüber in Foren oder Chats ist, die Gefahr der Vereinsamung. [...]

Illusion von Nähe

Muss man sich sorgen, wenn jemand Kontakte in seinem räumlichen Umfeld zugunsten von Kontakten in einem Online-Netzwerk aufgibt? Oder nur, wenn jemand tiefgründige Beziehungen zugunsten oberflächlicher Kontakte kappt?
Angeblich ist unser Gehirn schon rein physikalisch nicht in der Lage, mit mehr als 150 anderen Menschen irgendeine Art von bedeutungsvoller Beziehung zu haben – das ist die sogenannte Dunbar-Zahl, benannt nach dem Anthropologen Robin Dunbar. Er hat sie aus einem Vergleich der Gehirngröße verschiedener Primatenarten mit der Größe ihrer sozialen Bezugsgruppen entwickelt. Diese Zahl wird trotzdem ernst genommen und als Beleg dafür genutzt, dass Menschen keine Hunderte oder Tausende Facebook-„Freunde" haben können.
„Ja, ich kann mithilfe deines Tweets herausfinden, was du zum Frühstück hattest, aber kann ich dich wirklich besser kennenlernen?", fragte Dunbar in einem Interview mit dem „Observer". Zweifellos schaffen Facebook-Funktionen, bei denen Nutzer ihr Leben vom Babyfoto an dokumentieren, die Illusion einer Nähe, die ein gemeinsames Erleben nicht ersetzen kann. Aber es gibt keinen Grund, dieses gemeinsame Erleben auf Offline-Erfahrungen zu beschränken.
Wie bizarr ist es, dass im öffentlichen Diskurs ausgerechnet das Medium geringgeschätzt wird, das eine Kommunikation möglich macht, die nicht flüchtig ist? Das, zumindest teilweise, eine Renaissance der Kultur des Briefeschreibens nach sich zog? Stattdessen gilt die Sichtbarkeit und Permanenz profaner Sekundenaufnahmen aus dem Alltag, die nur den Offline-Alltag online sichtbar macht, als Beleg für die Lächerlichkeit digitaler Kommunikation.

Kein Ersatz für eine Berührung und doch eine Bereicherung

„Wörter entgleiten uns", behauptet Dunbar. „Jede Berührung ist tausend Wörter wert." Dieser Satz formuliert exemplarisch den Dünkel gegenüber allem, was nicht handfest begreifbar ist. Für die Menschen, die Robin Meyer-Lucht und Jörg-Olaf Schäfers im Netz betrauert haben, waren die vielen Online-Kommentare sicher eine Form der tröstenden Umarmung. Das ersetzt keine tatsächliche Berührung, aber es ist eine Bereicherung, und sie ist echt und nicht virtuell. Und dass man oft erahnen konnte, dass sie die Verstorbenen nicht wirklich kannten, spiegelt nur wider, dass wir von vielen Menschen, die in unserem Leben eine Rolle spielen, tatsächlich nur einen winzigen Ausschnitt kennen. *(2011)*

Niggemeier, Stefan: Cybergesellschaft. Das wahre Leben im Netz. In: FAZ vom 1. August 2011. Zitiert nach URL: www.faz.net/aktuell/feuilleton/cybergesellschaft-das-wahre-leben-im-netz-11447755.html (Abrufdatum: 8.6.2017)

Phase 1: Lernen in Einzelarbeit

1. Lesen Sie den Text A (S. 19 ff.) bzw. B (S. 22 ff.).
2. Strukturieren und visualisieren Sie den Inhalt des Textes in geeigneter Weise (z. B. mithilfe eines Spickzettels, einer Mindmap).
3. Suchen Sie sich anschließend einen Partner, der ebenfalls fertig ist, jedoch den anderen Text bearbeitet hat.

Phase 2: Lernen im Expertenpaar

Erklären Sie sich die Inhalte der jeweiligen Texte mithilfe Ihrer Visualisierungen gegenseitig.

Phase 3: Lernen in Einzelarbeit

1. Lesen Sie nun den anderen Text, über dessen Inhalt Sie bereits etwas erfahren haben.

2. Suchen Sie sich erneut einen verfügbaren Partner und bearbeiten Sie gemeinsam die folgenden Aufgaben.

Phase 4: Lernen im Expertenpaar

1. Erläutern Sie die Positionen, welche die Verfasser gegenüber den sozialen Netzwerken einnehmen, und wie sie diese begründen.
2. Fassen Sie die Chancen und Risiken im Umgang mit diesem digitalen Medium stichwortartig zusammen. Beziehen Sie neben den vorliegenden Informationen auch eigene Erfahrungen und Wissensbestände in Ihre Überlegungen ein.
3. Beurteilen Sie beide Texte unabhängig voneinander im Hinblick darauf, ob diese eher tatsachenbetont (= informierend) oder meinungsbetont (= argumentierend) sind.
4. Bestimmen Sie die jeweilige Textsorte dieser im Journalismus gängigen Darstellungsformen.
   → Hilfen finden Sie im Anhang (S. 61)

Phase 5: Abschlussgespräch im Plenum

1. Klären Sie die Fragen, die aus Ihrer Sicht noch offen geblieben sind.
2. Fassen Sie Ihre Ergebnisse aus der vorangegangenen Arbeitsphase zusammen und erläutern Sie diese.
3. Reflektieren Sie Ihren Lernprozess, indem Sie folgende Satzanfänge vervollständigen:
   - „Mit dem heutigen Arbeitsergebnis bin ich zufrieden (unzufrieden), weil ..."
   - „Beim Lerntempoduett war heute besonders förderlich (hinderlich), dass. .."
   - „Um den weiteren Lernprozess zu verbessern, schlage ich vor, dass ..."

1.4.2 Medienkritik – Ein (populär-)wissenschaftlicher Ansatz

Marcus S. Kleiner (geb. 1973)

Medien, Gesellschaft und Kritik. Vorstellung einer Forschungstradition

Marcus S. Kleiner, Jahrgang 1973, ist Professor für Medien- und Kommunikationswissenschaft an der SRH Hochschule der populären Künste in Berlin und dort Studiengangleiter des Master-Studiengangs Erlebniskommunikation. Er ist Experte für populäre Kulturen, Popkulturen und populäre Medienkulturen. Als Medienexperte tritt er regelmäßig im Radio und Fernsehen auf.

● [...] Medienkritik gibt es prinzipiell in allen wissenschaftlichen Disziplinen, die sich mit der Wirklichkeit der Medien auseinandersetzen. Medienkritik ist dabei immer medial verfasst, setzt voraus, was sie kritisiert bzw. braucht den Gegenstand ihrer Kritik als Existenzberechtigung. Medienkritik bleibt also stets an den zu kritisierenden Gegenstand gebunden, kann insofern keine Metaposition einnehmen – so ist etwa Sprachkritik stets sprachlich vermittelte [Sprachkritik], die sich der Sprache bedient. Diskutiert werden muss daher, ob die Inhalte und Maßstäbe der Medienkritik wirklich nicht unabhängig von den jeweils zu kritisierenden Medien formuliert werden können.

Die konstitutiven Gegenstandsbereiche, Akteure und Kritikausrichtungen der Medienkritik lassen sich, ganz allgemein, wie folgt unterteilen:

(1) Kritikebenen/-inhalte:

- Kritik der Medien(kultur-)Industrie bzw. des Mediensystems insgesamt. Hierbei wird die konstitutive Interdependenz[1] von Medienverbund und Gesellschaftssystem sowie Medien- und Gesellschaftskritik vorausgesetzt;
- Kritik des Mediums (als Einzelmedienkritik, etwa am Buch, Fernsehen, Radio, Film und Internet oder als Kritik der Kommunikationsmedien, wie z. B. der Sprache);
- Kritik des speziellen Formats sowie seiner Inhalte (speziell/allgemein) (Bsp.: Christoph Schlingensiefs[2] Fernsehsendung *U3000 (MTV)* oder seine Dokumentation *Freak-Stars)* in den Medien bzw. bestimmter Format-Modelle (Bsp.: Gerichts- oder Casting-Shows);
- Kritik der Medientechnik sowie der Anwendung von Medientechnik.

(2) Akteure:

- Journalisten (sie sind Bestandteil des Mediensystems sowie eines speziellen Mediums, üben Kritik an einem Medienereignis, an dem sie nicht beteiligt sind, oder am Mediensystem im Allgemeinen);
- Wissenschaftler (als Medienbeobachter, als Gutachter von Medienproduzenten oder staatlicher/sozialer Institutionen, als Experten und Medienschaffende sowie als Teil des Mediensystems);
- Medienproduzenten (Qualitätsoptimierung etc.);
- Medienpersönlichkeiten (interne Kritik als Teil des Mediensystems);
- Zuschauer (Publikumsorganisationen, Zuschauerverhalten etc.);
- Politiker/staatliche Institutionen oder Organisationen (Subventionen, Mediengesetze, Landesmedienanstalten usw.);
- Gesellschaftliche Institutionen (z. B. Kirchen oder Interessenverbände);
- Künstler, Literaten und andere Medienschaffende;
- Hersteller von Medientechnik und Anwender von Medientechnik (etwa Fotografen, IT-Fachleute etc.).

(3) Kritikausrichtungen:

Die Kritikausrichtung ist abhängig vom jeweiligen Kritik- und Medienbegriff, von der spezifischen theoretischen Ausrichtung und dem Ziel sowie dem pragmatischen Interesse des Kritikers. Allgemein lassen sich hierbei sechs Kritikrichtungen unterscheiden:

- destruktiv (Rede vom Kulturverfall; Verblödungsthese);
- anachronistisch (aus dem Jenseits des Mediengebrauchs);[3]
- pragmatisch (z. B. Veränderung der aktuellen Medienlandschaft oder Akzeptieren bzw. Arrangieren mit derselben);
- politisch (etwa die Regulierung von Medienprodukten durch Mediengesetze);
- emanzipatorisch (grundlegende Veränderung des Mediensystems, die auch eine konstitutive Veränderung des Gesellschaftssystems bedeuten würde; Förderung der Ausbildung von Medienkompetenz aufseiten der Konsumenten, Produzenten und Kritiker, wobei der Kompetenzausbildungsprozess niemals aufhört; Nutzung von Medien(-techniken) zur Verbesserung der gesellschaftlichen Situation);
- funktional (Verbesserung von Medientechnik oder Rekonstruktion des Prozesses medialer Wirklichkeitskonstruktionen).

Um Medienkritik als Grundpfeiler demokratischer Gesellschaften umfassend zu legitimieren und institutionalisieren, müssten [...] sechs Kriterien erfüllt werden:

1. Medienkritik sollte offen sein für alle Medien, alle Gattungen und alle „kulturellen Niveaus".

---

[1] **Interdependenz** = gegenseitige Abhängigkeit

[2] Der deutsche Autor, Aktionskünstler, Film- und Theaterregisseur **Christoph Schlingensief** (1960 – 2010) wurde durch seine provokanten und daher häufig umstrittenen Inszenierungen bekannt.

[3] **anachronistisch** = nicht zeitgemäß, überholt; hier: nicht den aktuellen technischen Stand berücksichtigend

2. Medienkritik sollte die spezifischen Eigenschaften der unterschiedlichen Medien ernst nehmen.
3. Medienkritik sollte größeres Augenmerk auf den Mediennutzungsmix der Rezipienten legen.
4. Medienkritik sollte die Stimme des Publikums stärken.
5. Medienkritik sollte die alltägliche, die professionelle und die wissenschaftliche Sichtweise auf die Medien stärker miteinander verschränken.
6. Medienkritik sollte medienkritische Interventionen durch abgestimmtes Timing zwischen verschiedenen Akteuren koordinieren. *(2010)*

Kleiner, Marcus S.: Medien, Gesellschaft und Kritik. Vorstellung einer Forschungstradition. In: Ders. (Hrsg.): Grundlagentexte zur sozialwissenschaftlichen Medienkritik. Wiesbaden: Verlag für Sozialwissenschaften 2010, S. 46 – 48

1. Erstellen Sie auf der Grundlage des vorliegenden Textes eine Mindmap zu den verschiedenen Aspekten der Medienkritik, wie z. B.:
- Ebenen und Inhalte der Medienkritik
- Akteure und Ausführende
- Ausrichtungen der Medienkritik
- Kennzeichen einer demokratischen Medienkritik

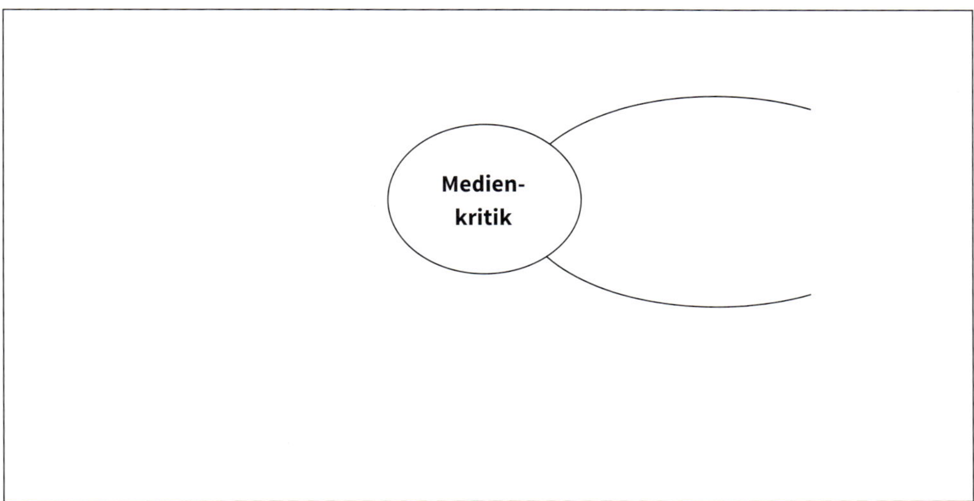

Jürgen Marks (geb. 1962)

Facebook und WhatsApp: Die unheimlichen Netzwerke

Nachdem der in Hamburg geborene Journalist Jürgen Marks zunächst für die Tageszeitung DIE WELT und das Nachrichtenmagazin Focus tätig gewesen ist, arbeitet er mittlerweile als stellvertretender Chefredakteur bei der Augsburger Allgemeinen, bei der er für die digitalen Angebote und die Lokalteile in und um Augsburg verantwortlich ist.

Die Amerikaner dominieren das Internet. Durch die Übernahme von WhatsApp durch Facebook entsteht nun ein Zentralorgan der digitalen Kommunikation. Das ist gefährlich.

In der Fußball-Bundesliga hat der Marktführer FC Bayern ein kluges, aber herzloses Geschäftsprinzip: Kommt ihm ein Konkurrent zu nahe, kauft er ihm die besten Spieler weg. In der Internet-Wirtschaft hat Social-Media-Primus Facebook die Bayern-Methode perfektioniert. Bedroht ein Rivale seine Vormachtstellung, erwirbt er gleich das ganze Unternehmen.

Vielleicht bedeutet der Kauf von WhatsApp im fernen Kalifornien einen stärkeren Einschnitt in unser Leben daheim, als wir es uns heute vorstellen können. Der SMS-Killer hat in Deutschland 30 Millionen meist junge Nutzer, Facebook bringt es auf 27 Millionen oft weniger junge Mitglieder.

Kulturwandel mit Suchtgefahr

Wer seine Umwelt beobachtet, erkennt die unheimliche Macht dieser Netzwerke: Teenager stehen zusammen, doch jeder blickt auf sein eigenes Smartphone, liest oder verschickt Nachrichten. Autofahrer „checken“ in der Wartezeit vor der roten Ampel ihre Facebook-Neuigkeiten. Politiker setzen sich in den sozialen Medien in Szene. Urlauber verschicken Strandbilder per WhatsApp. Postkarten? Telefonieren? Das war gestern. Wo wir stehen und gehen, piept‘s.
Nun mag diesen Kulturwandel nicht jeder mögen. Kritikern ist das alles zu schnell, zu flüchtig, zu oberflächlich. Sprachpfleger ärgern sich über die Zertrümmerung unserer Wortschätze durch die Flut der Emoticons, Abkürzungen und Anglizismen. Aber Facebook und WhatsApp haben in den vergangenen wenigen Jahren den Lebensstil von vielen Millionen Menschen verändert, die Spaß an digitaler Kommunikation haben. Suchtgefahr inklusive.
Deshalb ist der Kauf von Whats-App vielleicht von größerer Bedeutung als irgendeine Megafusion der Auto- oder Maschinenbau-Industrie der letzten Jahre. Facebook zahlt 19 Milliarden Dollar für eine Plattform, die nur ein dünnes Geschäftsmodell mit Umsätzen hat, die so klein sind, dass sie lieber geheim gehalten werden.

Die 19 Milliarden Dollar waren vielleicht ein Schnäppchen

Aber WhatsApp hat weltweit 450 Millionen Nutzer. Tendenz stark steigend. Bald sind es vielleicht mehr als die 1,2 Milliarden Facebook-Mitglieder. Wie hoch sich der tatsächliche Wert dieses gemeinsamen Mega-Stammtisches auf allen Kontinenten einmal auftürmen wird, ist heute schwer abzuschätzen. Aber es könnte gut sein, dass sich diese 19 Milliarden Dollar einmal als Schnäppchen erweisen.
In Deutschland hätte vielleicht eine Kartellbehörde versucht, diese Verschmelzung zu verhindern. In Amerika spielt das nur eine untergeordnete Rolle. Und durch die weltweite Vernetzung gilt die US-Marktfreiheit auch bei uns.

Digitale Wirtschaft auf dem Vormarsch

Die Amerikaner dominieren das Internet heute nach Belieben. In der digitalen Wirtschaft spielen Deutschland und Europa keine Rolle. Der Such-Riese Google greift dank einiger Zukäufe danach, unseren Haushalt zu organisieren. Das Unternehmen will Thermostate steuern und Kühlschränke automatisch auffüllen. Käse oder Rotwein könnte Amazon liefern, das sich zum Welt-Kaufhaus entwickelt. So wie sich Facebook/WhatsApp aufschwingt, zum Zentralorgan der digitalen Kommunikation zu werden.
Gefährlich ist diese Konzentration der Marktmacht auf wenige US-Unternehmen, weil die Internet-Giganten Datenkraken sind. Sie studieren unsere Vorlieben, erstellen heimlich Nutzerprofile, zeigen uns personalisierte Werbung oder lassen sich auch mal von interessierten Nachrichtendiensten über die Schulter schauen.
Vielen Nutzern mag das zunächst egal sein. Sie haben vor allem Spaß. Doch bei aller Freude an der digitalen Unterhaltungswelt sollten wir nicht vergessen, dass die Anbieter alles andere sind als Wohltätigkeitsorganisationen. *(2014)*

Marks, Jürgen: Facebook und WhatsApp: Die unheimlichen Netzwerke. In: Augsburger Allgemeine vom 20. Februar 2014. Zitiert nach URL: www.augsburger-allgemeine.de/politik/Facebook-und-WhatsApp-Die-unheimlichen-Netzwerke-id28899187.html (Abrufdatum: 8.6.2017)

1. Lesen Sie den Text und entscheiden Sie, welche der folgenden Thesen zutreffend sind. Begründen Sie Ihre Auswahl.

   - [ ] Die Nutzung sozialer Netzwerke wie Facebook und WhatsApp hat die Art der Kommunikation und somit den Lebensstil von Millionen Menschen stark verändert.
   - [ ] Facebook hat WhatsApp aufgekauft, da letzteres Unternehmen ein ernstzunehmender Konkurrent gewesen ist.
   - [ ] Das Bundeskartellamt hat es versäumt, die Fusion von Facebook und WhatsApp zu verhindern.
   - [ ] Ziel der digitalen Wirtschaft ist es, an umfassende Daten (privater) Internetnutzer zu gelangen, um diese für kommerzielle Zwecke zu verwenden.

2. Fassen Sie die Position des Autors zu den sozialen Netzwerken in einem prägnanten Satz zusammen.

   ____

   ____

3. Markieren Sie die Argumente, mit denen Jürgen Marks seine Einstellung begründet.
4. Analysieren Sie die vorliegende Medienkritik stichwortartig mithilfe Ihrer Mindmap hinsichtlich des Inhalts, des Akteurs sowie der Ausrichtung (vgl. S. 27).
5. Untersuchen Sie die sprachliche Gestaltung des Textes und ihre Wirkung. Achten Sie dabei insbesondere auf Wortwahl, Schreibstil und Syntax.
6. Führen Sie Ihre bisherigen Ergebnisse zu einer umfassenden Textanalyse in Form eines Fließtextes zusammen.
   → Hilfen finden Sie im Anhang (S. 59 ff.)

1.5 *Exkurs:* Materialgestütztes Verfassen eines informierenden Textes

Mithilfe des Aufgabenformates „Materialgestütztes Schreiben“ sollen Sie Ihre bisherigen Ergebnisse und Erkenntnisse zusammenführen und verschriftlichen:

Die Situation
Die Redaktion des Online-Jugendmagazins ***jetzt.de*** der Süddeutschen Zeitung plant die Veröffentlichung ihrer aktuellen Studie zum Thema „Smartphone, Facebook & Co. – Digitale Technik als ständiger Begleiter der Pubertät“ und beauftragt Sie, das Vorwort zu schreiben.

Verfassen Sie ein Vorwort mit einer Länge von etwa 800 Wörtern, in welchem Sie die Leser über Art und Umfang der Mediennutzung von Jugendlichen in Deutschland sowie die möglichen Auswirkungen für den Einzelnen und die Gesellschaft informieren und sie zum zentralen Thema der Studie „Smartphone, Facebook & Co. – Digitale Technik als ständiger Begleiter der Pubertät“ hinführen.

Beziehen Sie neben den vorliegenden Materialien (vgl. Abschnitte 1.3 – 1.4, S. 12 ff.) auch eigene Wissensbestände sowie aktuelle Schaubilder in Ihre Ausführungen ein.
→ Hilfen finden Sie im Anhang auf S. 62f.

Weitere Informationen erhalten Sie unter:
- www.br-online.de/jugend/izi/deutsch/Grundddaten_Jugend_Medien.pdf
- www.divsi.de/publikationen/studien/divisi-u25-studie-kinder-jugendliche-und-junge-erwachsene-in-der-digitalen-welt/

Information

Das Vorwort

Als Vorwort wird in der Linguistik (= Sprachwissenschaft) eine Textsorte verstanden, die als Einführung für das eigentliche Werk, das veröffentlicht wird, dient. Es steht demzufolge nie für sich allein, sondern ist immer als Kontext zum Basistext, d. h. der dazugehörigen Trägertextsorte (z. B. Schulbuch, Roman, Monografie[1]), zu sehen.
Mithilfe dieser Einführung soll dem potenziellen Leser die Möglichkeit gegeben werden, sich einen schnellen Überblick über den Inhalt der Publikation zu verschaffen *(Informationsfunktion)*. Zudem ermöglicht das Lesen verschiedener Vorwörter einen ersten Vergleich themengleicher Texte und bietet somit neben dem Inhaltsverzeichnis eine weitere Entscheidungshilfe bei der Auswahl des geeigneten Werkes *(Selektionsfunktion)*. Dabei wird eine bestimmte Erwartungshaltung des Lesers geweckt und dessen Leseabsicht gesteuert, um ihn zum Kauf des Buches zu motivieren *(Kommunikationsfunktion)*.
Da das Vorwort von der Textsorte des Basistextes abhängig ist und sich folglich an dessen Ausführungen orientieren muss, ist die konkrete inhaltliche Gestaltung zunächst einmal relativ offen. Generell weist das Vorwort jedoch drei Elemente auf, welche diese Textsorte konstituieren:
- **Überschrift** (z. B. „Vorwort zur 8. Auflage“)
- **Textkörper**
  - einleitende Feststellungen (fakultativ)
  - Produktionsbedingungen der Publikation (fakultativ)
  - Anliegen und Hinführung zum Thema
  - Angaben zur Behandlung des Themas (z. B. Vorgehensweise)
- **Name des Verfassers** (z. B. „Ihr Ferdinand Schöningh“)

Mit dem Vorwort nutzt der Verfasser die Möglichkeit, sich direkt an seine Leser zu wenden und mit ihnen auf der Metaebene[2] zu kommunizieren, um sich und sein Anliegen vorzustellen, auf das gegebenenfalls für das Verständnis des Werkes erforderliche Vorwissen des Lesers hinzuweisen usw.
Kennzeichnend für die sprachliche Gestaltung des Vorwortes ist daher ein hohes Maß an Pronominalformen der 1. Person Singular, womit der Autor die eigene Verantwortung für seine Publikation unterstreicht. Auffällig ist zudem die dieser Textsorte eigene sachlogisch-expressive Darstellungsweise, die sich in einer Dominanz syntaktischer Stilmittel (Anapher, Parallelismus, Chiasmus, Klimax usw.) äußert und im Dienste folgerichtiger und logisch aufgebauter Argumentation für die Trägertextsorte steht.
Wenige gut ausgewählte emotional-expressiv wirkende Stilmittel (Metapher, Personifikation, Neologismus, Archaismus usw.) hingegen dienen der Veranschaulichung und Auflockerung, beeinflussen jedoch in keiner Weise die Sachlichkeit der Ausführungen. Der gezielte Einsatz von Fachbegriffen, die allerdings auch in der Alltagssprache gebräuchlich sind und daher keine Verständnisbarriere zwischen dem Verfasser und seinem Leser errichten, sollen einen Eindruck von der Kompetenz des Autors vermitteln und zugleich einen Ausblick auf den zu erwartenden Schreibstil des Werkes geben.

---

[1] **Monografie** = größere wissenschaftliche Einzeldarstellung
[2] **Metaebene** = übergeordnete Stufe; Ebene, die hinter dem eigentlichen Ausgangspunkt von etwas (hier: Thema) steht

2 Die Zeitung als Massenmedium

Die Medienwelt des 21. Jahrhunderts ist bunt und schnell: Informationen in scheinbar unendlicher Fülle sind nicht nur stets aktuell, sondern zudem überall und jederzeit verfügbar. Für den Einzelnen wird es somit immer schwieriger, nicht die Orientierung zu verlieren. Ein Medium, das versucht, dem interessierten Leser im Informationsdschungel einen Überblick zu geben und das Weltgeschehen richtig einzuordnen, ist die (überregionale) Tageszeitung.
In diesem Abschnitt erfahren Sie, wie eine Zeitung überhaupt entsteht und von welcher Zielgruppe das Printmedium eigentlich genutzt wird. In diesem Zusammenhang setzen Sie sich außerdem mit den Überlebenschancen dieses klassischen Mediums im digitalen Zeitalter kritisch auseinander.

2.1 Printmedien in Deutschland – Ein überholtes Modell?

Christine Mersiowsky (geb. 1970)

Vom aktuellen Ereignis aus der Welt bis zur Zeitung am Frühstückstisch – Wie ein traditionsreiches Printmedium entsteht

In der ersten Hälfte des 20. Jahrhunderts erlebt die Tageszeitung ihre Blütezeit und avanciert schnell zum Massenmedium, das sich zum Ziel setzt, seine Leser von Montag bis Samstag über aktuelle Nachrichten und Geschehnisse in der Welt umfassend zu informieren. Um einen solchen Service realisieren zu können, ist eine Vielzahl von Personen und technischen Einrichtungen erforderlich – ein Räderwerk, das perfekt zusammenspielen muss.
Doch auf welchem Weg gelangt ein Ereignis, das an entlegenem Ort soeben erst stattgefunden hat, in die Ausgabe des nächsten Tages? Es ist ein Weg, bei dem unter großem Zeitdruck einige Etappen zu bewältigen sind:

08:00 Uhr: Die Redakteure sichten die eingegangenen Meldungen (Ratssitzungen, Ausstellungen, Unfälle, Verbrechen usw.), welche die eigenen Korrespondenten der Zeitung, Journalisten internationaler Nachrichtenagenturen oder aber engagierte Leser über Datenleitungen bzw. Satellit rund um die Uhr übermitteln. Aus tausenden Meldungen gilt es, die als am wichtigsten erscheinenden auszuwählen und für den Leser journalistisch aufzubereiten.
Was eine Tageszeitung dabei leistet bzw. heute in besonderem Maße leisten muss, um im Zeitalter digitaler Medien wie dem Internet bestehen zu können, erläutert Kurt Kister, stellvertretender Chefredakteur der Münchener *Süddeutschen Zeitung*, größte überregionale Tageszeitung in Deutschland: „Wir versuchen alle 24 Stunden, das Geschehen der Welt und in Deutschland, aber auch in unserer Nachbarschaft, auf 32 oder 48 Seiten zu bringen. Das tun

viele andere Medien nicht. Wir bemühen uns, vollständig zu sein. Und wir bemühen uns – und das wird immer wichtiger –, die Dinge einzuordnen."[1]

09:30 Uhr: In der ersten Teamsitzung der verschiedenen Redaktionen[2] der Zeitung wird gemeinsam entschieden, welche Meldungen und Themen in der morgigen Ausgabe erscheinen sollen. Für jedes Ressort[3] (Politik, Wirtschaft, Lokales, Aus aller Welt, Kultur, Sport usw.) steht dabei nur eine bestimmte Seitenanzahl zur Verfügung. Innerhalb dieses vorgegebenen Rahmens werden die ausgewählten Meldungen verteilt. Außerdem wird das Seitenlayout festgelegt, wobei die Druckerei in den Planungsvorgang mit einbezogen wird. Jeder Redakteur weiß nun, wie viel Platz er für seinen Bericht hat bzw. wie viele Wörter sein Text umfassen darf.

10:00 Uhr: In den Redaktionen beginnt nun die heiße Phase: Die Journalisten sichten die Nachrichten, recherchieren in den verschiedenen ihnen zugänglichen Quellen, informieren sich bei den Reportern vor Ort und verfassen auf dieser Grundlage ihre Zeitungsartikel. Berichte, in denen das Ereignis bzw. die Meldung objektiv präsentiert wird, und Kommentare, welche die Meinungen des Verfassers vermitteln, entstehen und werden mit geeigneten Schlagzeilen versehen. Da sich eine Zeitung zu einem Großteil durch Werbung finanziert und ohne sie nicht erscheinen könnte, werden in der Marketingabteilung parallel die Inserate lokaler Unternehmen sowie die Kleinanzeigen privater Personen platziert. Auch hier ist der zur Verfügung stehende Raum im Seitenlayout exakt festgelegt.

12:00 Uhr: In der Mittagskonferenz wird über Aufmachung, Titelfoto, Kommentare und Leitartikel der aktuellen Ausgabe entschieden.

13:00 Uhr: Die Layouter beginnen, die einzelnen Seiten der morgigen Zeitung zu gestalten: Die Texte der Redaktionen werden in das vorgesehene Layout eingefügt. Parallel entstehen Grafiken und aufwändige Illustrationen für bestimmte Themen bzw. Artikel der Ausgabe, Magazine oder andere Sonderprodukte.
Gemeinsam mit Fach- und Bildredakteuren wird außerdem geeignetes Fotomaterial ausgewählt, welches anschließend von einem Mitarbeiter der Verlagstechnik für den Druck vorbereitet wird.

16:00 Uhr: Bei der Schlagzeilenkonferenz kommt die Ausgabe für den nächsten Tag auf den Prüfstand. Kurz und einprägsam sollen die Titel sein. Die Leiter der verschiedenen Redaktionen kontrollieren außerdem, ob sie mit den jeweiligen Themen bzw. Zeitungsartikeln korrespondieren. Die Schlagzeilen sollen die Kunden zum Lesen einladen: Titel zum Grübeln, poetische Überschriften oder aber Wortspiele verweisen dabei auf Artikel, die tiefer in ein Thema eindringen. Sachliche Titel hingegen betonen den eher nachrichtlichen Charakter des Beitrags.

17:00 Uhr: Die gestalteten Seiten werden ausgedruckt, alle Artikel auf Fehler gelesen und die Überschriften ein letztes Mal auf Stimmigkeit überprüft. Anschließend werden die Dateien der Druckerei übermittelt.

18:00 Uhr: In der Druckerei werden die Seiten via Laser auf Druckplatten geprägt, die für den Druck erforderlichen Farbauszüge entstehen. Die Druckplatten werden in die großen Rotationsdruckmaschinen gehängt. Vor dem Auflagendruck erfolgt eine letzte Feinabstimmung, indem brandaktuell eingegangene Meldungen noch eingebunden und die somit im letzten Moment geänderten Druckplatten ausgetauscht werden. Die Zeitung kann somit bis zuletzt ihr Aussehen verändern.
Zunächst erfolgt der Druck der Tageszeitungen, die in entferntere Regionen geliefert werden müssen. Bei einer Auflage der *Süddeutschen Zeitung* von im Durchschnitt knapp 445 000 Exemplaren pro Tag beginnt der Druck der aktuellen Ausgabe für die eigene Region nicht selten erst um 23:00 Uhr[4].

[1] Interview mit Kister, Kurt. In: Bayerischer Rundfunk: Grundkurs Multimedia Deutsch. Folge 3: Mediennutzung. Eigene Transkription. München 2016. URL: www.br.de/fernsehen/ard-alpha/sendungen/grundkurs-deutsch/grundkurs-deutsch-folge-3-mediennutzung100.html (Abrufdatum: 8.6.2016)

[2] Redaktion = Abteilung einer Zeitung, eines Verlages, einer Rundfunkanstalt o. Ä.

[3] Ressort = Rubrik einer Zeitung; durch die inhaltliche Gliederung der Zeitung in Ressorts hat der Leser die Übersicht, wo Reportagen, Fußballergebnisse, Aktienkurse oder lokale Berichte zu finden sind.

[4] Vgl. Bayerischer Rundfunk: a. a. O.

Nach dem Druck müssen die Zeitungen gefaltet und von Förderbändern in die Weiterverarbeitung transportiert werden. Dort werden die Beilagen (Prospekte, Flyer usw.) eingelegt, die Zeitungen anschließend verpackt und für den Versand vorbereitet.

01:00 Uhr: Perfekte Logistik ist jetzt gefordert. Geschwindigkeit ist hierbei oberstes Gebot, denn innerhalb weniger Stunden müssen die Zeitungen bei den Abonnenten und Verkaufsstellen im gesamten Bundesgebiet oder – je nach Reichweite der Tageszeitung – sogar im Ausland (z.B. an den beliebtesten Urlaubsorten der Deutschen) angekommen sein. Die im Vergleich zu einer regionalen Tageszeitung deutlich höheren Vertriebskosten sind somit sicherlich ein wesentlicher Grund, weshalb in Deutschland nur wenige Zeitungen überregional erscheinen.

Originalbeitrag *(2016)*

1. Lesen Sie den vorliegenden Text und diskutieren Sie mit Ihrem Sitznachbarn/Ihrer Sitznachbarin die Stärken und Schwächen dieses klassischen Massenmediums Zeitung.
2. Erklären Sie in diesem Zusammenhang eine wesentliche Anforderung an guten Journalismus, „die Dinge [auch] einzuordnen“ (Z. 20).
3. Die großen Tageszeitungen haben mittlerweile auch einen umfangreichen Internetauftritt. Welche Gründe könnte es für diese Entwicklung geben? Notieren Sie Ihre Vermutungen thesenartig.
4. Beantworten Sie die in der Kapitelüberschrift aufgeworfene Frage „Printmedien in Deutschland – Ein überholtes Modell?“ für sich selbst. Notieren Sie Ihre Auffassung zum Medium Zeitung stichwortartig.

2.2 Die Bedeutung des Mediums Zeitung für Jugendliche

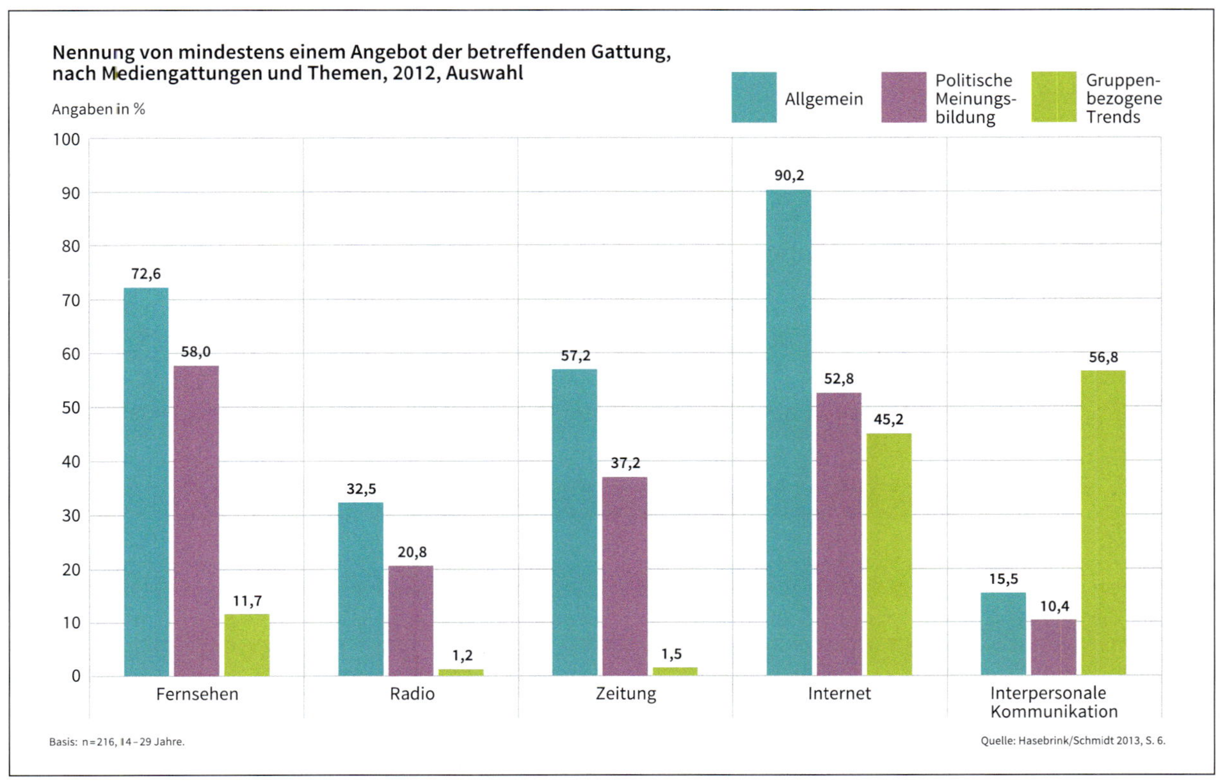

Abb. 1: Mediennutzung der 14- bis 29-Jährigen zwecks Informationsbeschaffung

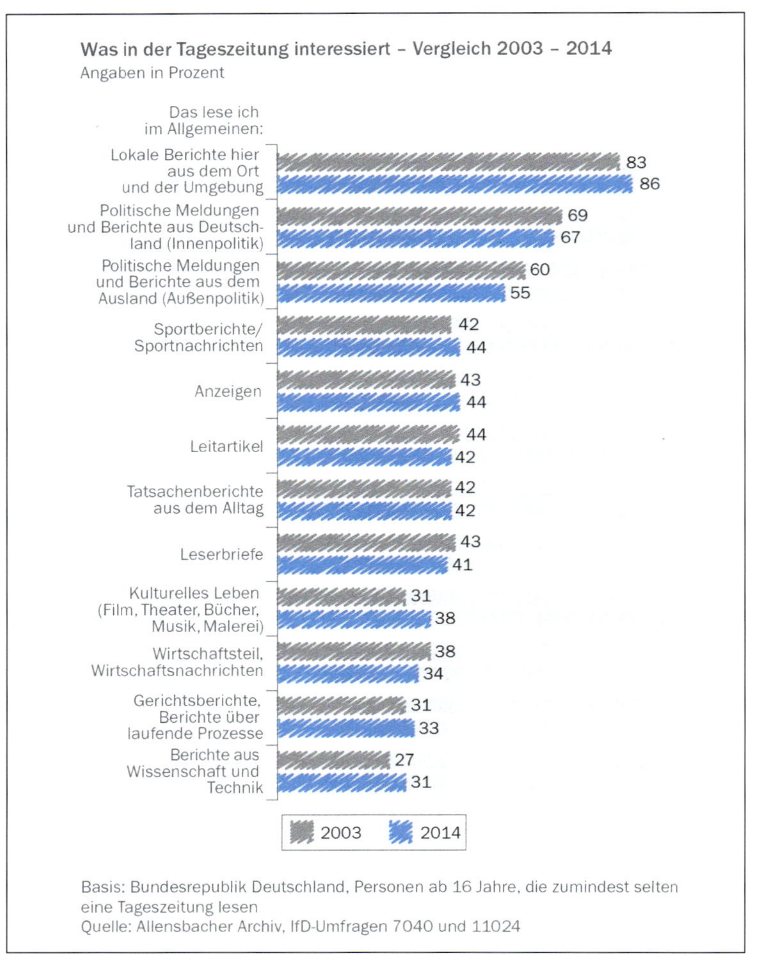

Abb. 2: Favorisierte Ressorts einer Tageszeitung bei Lesern ab 16 Jahren

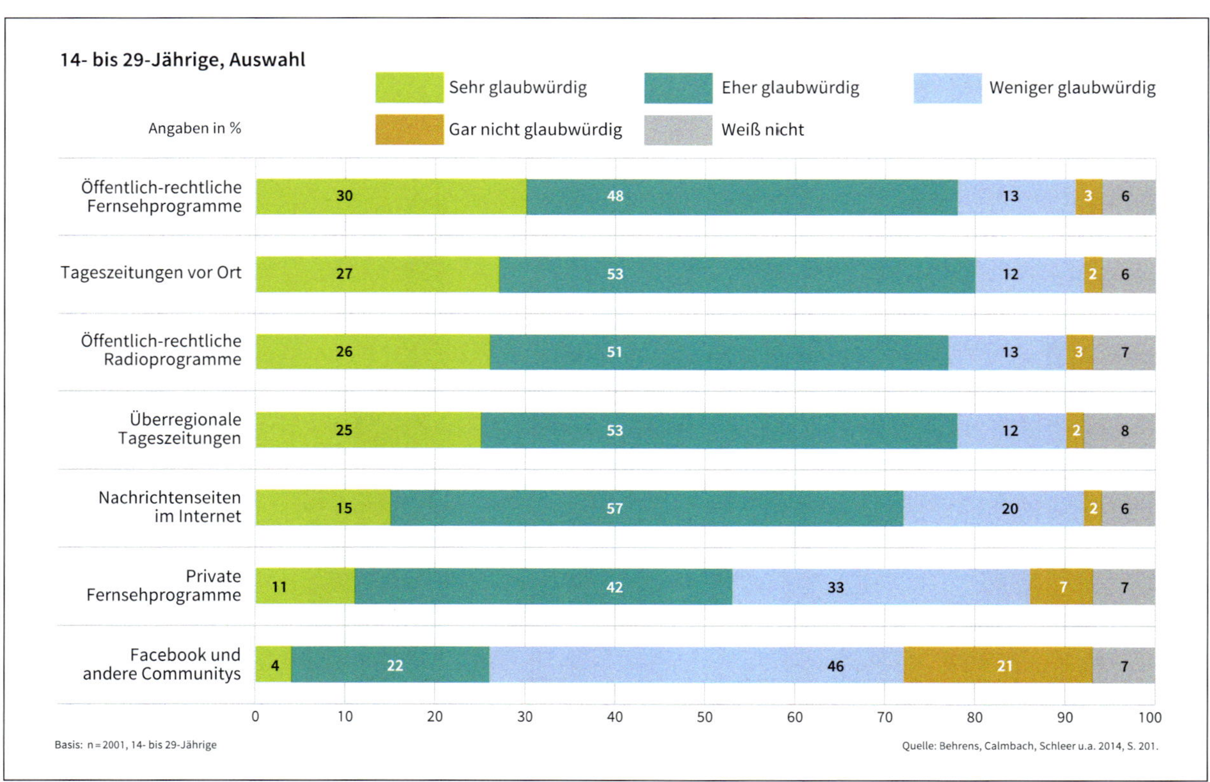

Abb. 3: Einschätzung der Glaubwürdigkeit ausgewählter Medien aus Sicht der 14- bis 29-Jährigen

1. Analysieren Sie die vorliegenden Schaubilder, indem Sie die relevanten Informationen zur Nutzung des Mediums Zeitung vornehmlich der jüngeren Generation und sonstige Auffälligkeiten notieren.

2. Reflektieren Sie Ihre Lesegewohnheiten und Ihre Haltung gegenüber dem Medium Zeitung.
   a) Ich lese *nie/gelegentlich/regelmäßig* die (über-)regionale Tageszeitung.

      Warum (nicht)? ______________________________

      ____

   b) Aktuelle Informationen beschaffe ich mir *im Fernsehen/im Radio/in der Zeitung/im Internet.*

      Zu welchen Themen? ______________________________

      ____

   c) Artikel in der Zeitung halte ich für *fachlich fundierter/glaubwürdiger/unterhaltsamer* als Beiträge in anderen Medien (z. B. Fernsehen, Internet).

      Warum (nicht)? ______________________________

      ____

3. „Der durchschnittliche Leser der *Süddeutschen Zeitung* ist etwa 48 Jahre alt, hat mindestens Abitur und ist eher männlich als weiblich." (Kurt Kister)
   Entwickeln Sie mit Ihrem Sitznachbarn/Ihrer Sitznachbarin Ideen bzw. Lösungsansätze, um (über-)regionale Tageszeitungen auch für andere, insbesondere jüngere Leser attraktiv zu gestalten.

2.3 Qualitätsjournalismus im digitalen Zeitalter

Götz Hamann (geb. 1969)

Wer vertraut uns noch?

Der deutsche Wirtschaftsjournalist Götz Hamann begann seine journalistische Laufbahn mit einem Volontariat bei der Frankfurter Allgemeinen Zeitung, bevor er später als einer der Gründungsredakteure bei der Financial Times Deutschland tätig wurde. Im Jahre 2000 wechselte er zur Wochenzeitung DIE ZEIT, wo er den Bereich „Medien, Internet und Lobbyismus" betreut.
Als Mann vom Fach ist sich der Redakteur seiner gesellschaftlichen Verantwortung als medialer Vermittler, der Ereignisse filtert, auswählt und zu einem journalistischen Text verarbeitet, bewusst. In seinem Essay widmet er sich den aus seiner Sicht von Journalisten zu häufig begangenen Fehlern und der hierin zum Teil begründeten „Lynchstimmung" der Leserschaft.

Die Botschaft könnte vom „Islamischen Staat" stammen: „Man möge ihm die Hände mehrfach brechen oder gleich abhacken." Doch sie stammt nicht vom IS, sondern von einem deutschen Bürger, einem Leser. Er erging sich in Verstümmelungsfantasien, weil er sich über einen Text von Steffen Dobbert geärgert hatte. Dobbert, Redakteur bei ZEIT ONLINE, hatte über Russlands Präsidenten Wladimir Putin geschrieben.

„Hetzfresse“ nannte ein Zuschauer die Journalistin Katrin Eigendorf vom ZDF.

Besonders schlimm traf es die ARD-Korrespondentin Golineh Atai, die regelmäßig über den Ukraine-Konflikt berichtet: „Diese Frau ist ekelhaft“, eine „widerliche Propagandapuppe“, „politische Kotze“.

Alle diese Angriffe stammen aus der jüngsten Zeit, und alle fanden öffentlich statt, im Internet. Man muss kein Jurist sein, um zu wissen: Würden sich die, die so etwas schreiben, nicht hinter Tarnnamen verschanzen, sie stünden längst vor Gericht. Was sie tun, ist maßlos, beleidigend und niederträchtig.

Auch die Leser gedruckter Medien stoßen wüste Schmähungen aus, es geht also nicht um ein „Internetphänomen“. Im Netz aber wird mehr kommentiert denn je. Twitter und Facebook sind Orte, an denen das Meinen, Empfehlen, Bewerten nie aufhört. Onlinemedien laden ihre Leser und Zuschauer dazu ein, am Ende der Artikel zu hinterlassen, was sie denken, und miteinander über die Texte zu diskutieren.

Steffen Burkhardt, Medienwissenschaftler in Hamburg, erinnert daran, dass durch das Internet zum ersten Mal „Menschen ohne spezifische Qualifikation direkt zu Menschenmassen sprechen und brandmarken können, was sie als skandalös empfinden“. Das ist eine der großen Errungenschaften der digitalen Welt, und sie bewirkt, dass die alte Ordnung – hier die Sender, dort die Empfänger – nicht mehr gilt. Journalisten sind keine unumstrittenen Autoritäten mehr. Aber zugleich bewahrheitet sich wieder: Nicht Kommunikationsmedien sind gut oder böse, sondern die Menschen. Und so hat sich nicht nur die Zahl der klugen, sondern mehr noch die der wirren und der beleidigenden Kommentare ins Unermessliche gesteigert. „Im Internet ruft dauernd jemand ‚Skandal, Skandal‘ und findet schneller Zuspruch denn je. So entsteht ein regelrechter Empörungsrausch“, sagt Burkhardt. Dieser Empörungsrausch richtet sich zunehmend gegen Journalisten: Die eingangs zitierten Attacken galten Kollegen, die über Russland schreiben. Aber solche Grenzüberschreitungen gibt es fast überall, sie treffen Kritiker der Piratenpartei und der AfD ebenso wie Befürworter einer großzügigeren Flüchtlingspolitik. Ein Journalist der *FAZ*, der eine gemäßigte Variante der Vorratsdatenspeicherung für sinnvoll hält, wird in den Sozialen Netzwerken als „Sprachrohr der Polizeilobby“ tituliert. [...]

Etwas Grundlegendes scheint hier ins Rutschen gekommen zu sein. Es ist, als gelte nicht mehr, was lange als ausgemacht galt, dass die Medien so etwas wie eine Schutzmacht für die Bürger sind und für die Demokratie als Ganzes. Eine vierte Gewalt, die die drei Staatsgewalten Regierung, Parlament und Justiz halbwegs zuverlässig kontrolliert und trotz aller Fehler das Vertrauen der Bevölkerung genießt. [...]

Eine repräsentative Umfrage des Forschungsinstituts infratest dimap für die ZEIT macht aus dieser Vermutung eine Gewissheit: Großes Vertrauen in die Medien und tiefe Enttäuschung über sie halten sich selbst unter politisch Interessierten nur noch knapp die Waage. In anderen Bevölkerungsgruppen sind die Unzufriedenen schon klar in der Überzahl, und wollte man alle Kritik, alle Wut in eine einzige Frage bündeln, sie würde lauten: Können wir euch noch trauen? [...]

Woher kommt die Wut? Wohin führt der Vertrauensverlust? Und: Was kann man dagegen tun?

Viele wichtige Zeitungen und Sender haben in den letzten Jahren in Qualität investiert, trotz der Anzeigen- und Auflagenkrise. Es werden heute mehr investigative[1] Reporter beschäftigt denn je, und viele Reportagen verbinden mittlerweile faktenreichen Journalismus mit einer wunderbaren Sprache. Zudem haben sich Redaktionen neue Codes of Ethics gegeben, [...] um nach innen und außen zu dokumentieren, wie sie ihre Unabhängigkeit wahren. Wer also den Journalismus pauschal schlechtredet oder nur noch Untergang sieht, der liegt falsch.

Wahr ist aber auch, dass Journalisten in den vergangenen Jahren in entscheidenden Momenten versagt haben. [...] Nicht vergessen ist [...], dass einige Journalisten die Exzesse, die der Finanzkrise im Jahr 2008 vorangingen, zwar untersucht und kritisiert haben. Aber den großen Crash sahen auch sie nicht kommen. Und weil das in eine Zeit fiel, in der in deutschen Medien die neoliberalen[2] Stimmen dominierten, blieb der Eindruck, Wirtschaftsjournalisten hätten nicht nur nicht genau hingesehen. Sie seien vielmehr Propagandisten dieses ungezügelten Kapitalismus.

---

[1] **investigativ** = nachforschend, aufdeckend, enthüllend

[2] **Neoliberalismus** = an den Liberalismus anknüpfende neuere Richtung in der Volkswirtschaftslehre, ursprünglich konzipiert als antikommunistischer und antikapitalistischer Dritter Weg; heute überwiegend negativ gebrauchte Verwendung im Sinne von „Marktfundamentalismus“.

Nun haben Redaktionen aus ihren Fehlern gelernt, sie begannen, mit Enthüllungsplattformen wie WikiLeaks und Whistleblowern[1] wie Edward Snowden zusammenzuarbeiten, sie schärften ihren Blick für das Treiben von Banken, überdachten ihre politische Berichterstattung. Aber die Fehler von damals wirken nach. Viel von der Kritik, ja dem Hass, den die Ukraine-Berichterstattung hervorgerufen hat, erklärt sich vermutlich auch daraus. Bei einem Teil des Publikums hat sich offenbar der Verdacht eingegraben, in den Berichten über die russische Annexion der Krim beteten die Medien wieder bloß kritiklos nach, was im Interesse der USA oder der NATO liege. Aber es sind nicht nur alte Fehler, die das Vertrauen schwinden lassen, es kommt noch etwas anderes, Gegenwärtiges hinzu: die tägliche Skandalisierung. Der Tübinger Medienwissenschaftler Bernhard Pörksen nennt Medien inzwischen „Erregungsmaschinen". Im harten Kampf um Aufmerksamkeit laden sie nahezu stündlich dazu ein, sich zu empören. Und selbst wenn die Leser und Zuschauer darauf zunächst anspringen, kennen sie doch längst die ermüdenden Rituale des Skandals und sehen die immergleiche Kurve voraus: Zuerst wird eine Verfehlung enthüllt und häufig genug massiv überzeichnet, dann folgt die kollektive Erregung der Journalisten und des Publikums, schließlich kommen die unvermeidlichen Phasen der Aufarbeitung – erst das Schweigen der Betroffenen, dann Erklärungen, zuletzt eine Entschuldigung. Und aus. Zurück blieben „immer wieder auch Unschuldige und Kaum-Schuldige", denen „die Würde genommen" wurde, sagt Pörksen.

Statt Orientierung und Aufklärung zu liefern, wie es eigentlich ihre Aufgabe ist, statt einzuordnen und abzuwägen, ziehen die Journalisten nach dem Gemetzel mit der Medienkarawane einfach weiter, und auf der Strecke bleibt ihre eigene Glaubwürdigkeit. [...]

Vielleicht wird man einmal sagen, dass der Absturz der Germanwings-Maschine[2] ein Wendepunkt war. Dass das Publikum von nun an genug hatte vom Skandal. Und, dass Journalisten wieder Erfolg damit hatten, sich zurückzuhalten. Wahrscheinlicher ist allerdings, dass die Debatte nur das bisher klarste Zeichen dafür war, wie tief gespalten das Publikum ist: auf der einen Seite diejenigen, die Stabilität und Orientierung wollen. Auf der anderen Seite jene, deren Lust am Skandal unstillbar ist. Und in der Mitte alle anderen, die schwanken zwischen Lust und Ekel, vor den Medien und gelegentlich auch vor sich selbst.

Denn natürlich weiß das Publikum genau, dass Journalisten in aller Regel Dinge schreiben und senden, von denen sie glauben, dass sie gefallen, aufrütteln, den Lesern wichtig sind. Tatsächlich fanden ja auch die heftig kritisierten Liveticker nach dem Germanwings-Absturz sehr viel Aufmerksamkeit. Die Klickzahlen der Nachrichtenseiten schossen in die Höhe, und in den Tagen danach verkauften sich die Boulevardzeitungen besonders gut, die Einzelheiten über den Co-Piloten und dessen Krankengeschichte liefern konnten.

Es gibt also, paradoxerweise, eine maßlose Lust am Skandal – und zugleich eine weit verbreitete Enttäuschung über die Medien, die diese Lust bedienen. Und es gibt, noch paradoxer, ausgerechnet im Fernsehen mehr und mehr Satire-Formate, die beides, Skandallust und Medienfrust, mit enormem Erfolg bedienen. Auf diese Weise steigern sie Abscheu und Misstrauen noch einmal. Am besten gelingt das Oliver Welke.

Immer freitags ätzt er in seiner *heute-show* gegen Politiker, Bosse und Journalisten-Kollegen, immerfort ruft er „Skandal". Und die Zuschauer laufen ihm zu, inzwischen erreicht er freitags mehr Menschen als große Nachrichtensendungen *heute* und *Tagesthemen*, im Schnitt 3,4 Millionen. Anders gesagt: Bevor die Deutschen ins Wochenende gehen, lassen sie sich Politik, Wirtschaft und Medien am liebsten von Welke servieren. Satire schlägt Recherche, Spott den Kommentar, Welke den Kleber. (Für alle, die nicht mehr wissen, wer das ist: Claus Kleber ist Moderator des *heute-journals*.)

Satire darf alles, klar, sie darf böse sein, einseitig, zynisch. Aber wenn sie vom Rand der Debatte in deren Mitte rückt, sagt das viel über die Gesellschaft. Und wenn Satire zu einer wesentlichen Informationsquelle wird, dann dokumentiert das nicht nur die Entfremdung zwischen dem Publikum und jenen Journalisten, die traditionell über Politik, Wirtschaft und Kultur berichten: Dann vertieft sich die Entfremdung noch. [...]

Medien sind bei den satirischen Welterklärern längst fester Bestandteil jener Elite, die unter

---

[1] **Whistleblower** = jemand, der Missstände (an seinem Arbeitsplatz) öffentlich macht

[2] Gemeint ist der durch den suizidgefährdeten Co-Piloten bewusst herbeigeführte Flugzeugabsturz am 24. März 2015 in Südfrankreich, bei dem alle 150 Insassen ums Leben kamen.

Generalverdacht steht. Erste bis vierte Gewalt[1] haben sich bei Welke verklebt und versippt, er behandelt sie als Teil des „Systems". Es ist ein Denken, das sich genauso in vielen Leserbriefen und Onlinekommentaren findet, auf Twitter und Facebook: „System-Medien" gleich „Lügenpresse" gleich „gekaufte Journalisten". Meist formulieren die Redner und Schreiber unbeholfener als Welke, der Sound aber ist derselbe: Ihr Journalisten habt uns verraten! [...]

Der Medienskandal ist längst „allgegenwärtig, er ist die neue Normalität", sagt der Medienwissenschaftler Steffen Burkhardt. Die Skandalisierung kann Politiker aus dem Amt fegen, wie den früheren Bundespräsidenten Christian Wulff. Sie kann aber auch Journalisten erwischen, wie der Fall unserer ZEIT-Kollegen Jochen Bittner und Josef Joffe zeigt. Den beiden wurde, ebenso wie Redakteuren anderer Blätter, in der ZDF-Sendung *Die Anstalt* vorgeworfen, sie seien derart eng mit transatlantischen Organisationen verbandelt, dass sie journalistisch nicht mehr unabhängig arbeiten könnten. Seither tobt im Netz ein Shitstorm gegen die beiden, obwohl Bittner weder Mitglied noch Vorstand oder Beirat einer der gezeigten Institutionen ist und Joffe auch nur bei zweien, nicht, wie behauptet, bei acht Organisationen. [...]

Das Unwort des Jahres 2014 – ein Kampfbegriff aus der NS-Zeit – wurde im Rahmen der Pegida-Proteste wieder populär

Mit dem Ideal einer zivilisierten öffentlichen Debatte hat all das nicht mehr viel zu tun. Die permanente Skandalisierung bedeutet die Abkehr von Aufklärung und echter Auseinandersetzung. Aber war das nicht einmal die Hoffnung? Das Wissen und die Klugheit der vielen, die sich auf den digitalen Plattformen versammeln, sollten eine neue Kontrollinstanz bilden, eine fünfte Gewalt.

Diese fünfte Gewalt existiert heute, und sie wird auch nicht mehr verschwinden. Der Strukturwandel der Öffentlichkeit, den wir erleben, ist von Dauer. Es wäre auch falsch, zu sagen, die fünfte Gewalt wirke grundsätzlich zerstörerisch. Sie ist oft rau, aber sie inspiriert auch viele Debatten. Als Reaktion auf kluge Kommentare von Lesern sind viele Artikel entstanden, auch in der ZEIT. Hinweise, die Nichtjournalisten über Soziale Netzwerke verbreiten, sind wichtige Informationsquellen für Journalisten.

Die fünfte Gewalt befruchtet also die vierte Gewalt durchaus und macht ihr in mancher Hinsicht sogar Konkurrenz. In den Sozialen Netzwerken hat sich ein alternativer Nachrichtenkosmos entwickelt, in dem eine andere Vertrauenswährung gilt. Dort ist erst mal unwichtig, ob jemand ein professioneller Journalist ist, das Vertrauen wächst dort anders, es zählt der Glaube an Menschen, denen man auf Facebook oder Twitter folgt und von denen man erwartet, dass sie auf wichtige Ereignisse und interessante Texte hinweisen. In diesen Netzwerken werden Artikel von Journalisten empfohlen und geteilt, sie sind weiterhin die zentrale Informationsquelle, aber ihre Glaubwürdigkeit beziehen sie vor allem von denen, die auf sie verweisen.

Nur ist diese fünfte Gewalt bisher ziemlich unzuverlässig, und sie liefert auch keine verlässliche Einordnung des Weltgeschehens. Auf Twitter beispielsweise geht eine Nachricht unter, die nicht sofort tausendfach geteilt und bewertet wird. Das Urteil über ihren Wert fällt binnen Sekunden. Was die Runde macht, unterliegt den Gesetzen von Rausch und Vergessen noch viel stärker als in traditionellen Medien. Weil eine Prüfung der Fakten im Netz nicht stattfindet, in der kurzen Zeit der Vervielfältigung auch gar nicht stattfinden kann, verbreiten sich seriöse Recherchen und Verschwörungstheorien im selben Tempo, mit demselben Anspruch auf Wahrheit.

Und anders als die ersten vier Gewalten muss sich die fünfte auch nicht rechtfertigen, sie unterwirft sich keinerlei professionellen Regeln. Sie bleibt meist anonym und setzt sich spontan in Bewegung. Ihre Stärke ist unkalkulierbar, ihre Wirkung erheblich.

Angesichts der Wucht, mit der öffentliche Debatten inzwischen eskalieren, müssen sich die Kräfte der Aufklärung in der vierten und fünften Gewalt endlich verbünden – gegen die Skandalisierer in den Medien und im Netz.

Für Journalisten heißt das: Übertreibt es nicht. Eure Rolle hat sich verändert. Früher waren die Journalisten für die Skandalisierung zuständig, sie mussten sich öffentlich empören, weil es

[1] Um die Macht einzelner Institutionen zu begrenzen und die im Grundgesetz verankerten Werte wie Freiheit und Gleichheit zu sichern, herrscht in unserer Demokratie Gewaltenteilung. Neben den drei offiziellen Staatsgewalten (Legislative, Exekutive und Judikative) gelten die Medien aufgrund ihres Einflusses auf die (politische) Meinungsbildung der Bevölkerung längst als vermeintlich vierte Gewalt.

sonst niemand tat. Heute findet die Empörung ohnehin statt, und nimmt man die Reaktionen bei vielen Lesern und Zuschauern auf die Germanwings-Berichterstattung ernst, dann will ein erheblicher Teil des Publikums, dass Journalisten mehr als bisher für Stabilität im öffentlichen Diskurs sorgen.

Für die Akteure der fünften Gewalt heißt es: Stellt euch eurer Verantwortung. Ihr habt sie gewollt. Nun geht damit um. Ein Weg könnte es sein, neu über Anonymität im öffentlichen Diskurs nachzudenken. Sie war in den frühen Zeiten des Internets vielleicht richtig, so konnte jeder Mensch ausprobieren, wie es ist, sich im öffentlichen Raum zu äußern. Aber das ist lange her, und die Anonymität entfaltet heute vor allem eine zerstörerische Wirkung. Deshalb ist es an der Zeit, dafür zu sorgen, dass alle Akteure der fünften Gewalt im öffentlichen Diskurs ihr Gesicht zeigen. [...]

Die Erfahrung zeigt: Zuschauer und Leser, die ihren Namen nennen, sind nicht zimperlich, aber sie wollen, selbst wenn sie wüten, ins Gespräch kommen. Sie wollen das, worum es den Idealisten der digitalen Welt immer ging und weiterhin geht – den Dialog. *(2015)*

Hamann, Götz: Wer vertraut uns noch? In: DIE ZEIT Nr. 26/2015 vom 25. Juni 2015. Hamburg 2015. Zitiert nach URL: www.zeit.de/2015/26/journalismus-medienkritik-luegenpresse-vertrauen-ukraine-krise (Abrufdatum: 8.6.2017)

1. Lesen Sie den Essay des Journalisten und fassen Sie die Fehler, die sein Berufsstand seiner Meinung nach in jüngerer Vergangenheit begangen hat, thesenartig zusammen.

2. Ein zentraler Lösungsansatz zur Bewältigung der gegenwärtigen Krise im Journalismus ist die Rückbesinnung auf die Grundsätze des Qualitätsjournalismus (s. Informationen im Kasten). Nennen Sie Maßnahmen, welche die großen Zeitungen in Deutschland bereits ergriffen haben, um das Vertrauen ihrer Leser zurückzugewinnen.

Information

Qualitätsjournalismus

Guter Journalismus verfolgt vorrangig weniger das Ziel, messbaren Erfolg (Umsatz, Auflage o. Ä.) zu haben, sondern vielmehr Glaubwürdigkeit aufzubauen und Vertrauen zu den Lesern zu schaffen. Um einen journalistischen Qualitätsstandard sicherstellen zu können, sind bestimmte Rahmenbedingungen erforderlich:

Dimension „Journalistisches Handeln“

- Erhalt der Unabhängigkeit, um investigative Berichterstattung zu ermöglichen
- Bereitstellung finanzieller Ressourcen für eine sorgfältige und umfassende Recherche
- Förderung der Interaktivität mit der Leserschaft („Demokratisierung der Medien“)

Dimension „Publizistisches Produkt“

- Trennung zwischen redaktioneller Berichterstattung und Werbung
- Fokussierung auf textuelle Qualitätskriterien im Journalismus (Aktualität, Vielfalt, Informationsgehalt, Anschaulichkeit, Sinnlichkeit usw.)
- Schaffen von Transparenz (Offenlegung von Quellen, Eingeständnis von Fehlern usw.)

3. Welche Aspekte sollten, Hamanns Ausführungen und den Anforderungen an einen qualitativ hochwertigen Journalismus folgend, von Akteuren in Presse und Medien verändert bzw. verbessert werden? Diskutieren Sie mit Ihrem Sitznachbarn bzw. Ihrer Sitznachbarin.

4. Erläutern Sie in diesem Zusammenhang den Begriff „vierte Gewalt" und die damit verbundene gesellschaftliche Verantwortung des Zeitungs- bzw. Pressewesens.

5. Mit dem Aufkommen der digitalen Medien, speziell des Internets, greift nunmehr eine „fünfte Gewalt" in die mediale Berichterstattung ein.
Fassen Sie den Appell, den der Journalist am Ende seines Essays an die Internet-Nutzer richtet, in einem prägnanten Satz zusammen.

2.4 Zukunft der Zeitung – Zeitung der Zukunft

Petra Sorge

Zeitungssterben. Warum wir Papierpresse noch brauchen

Petra Sorge studierte Politikwissenschaften und Journalistik in Leipzig und Toulouse und ist mittlerweile verantwortliche Redakteurin bei Cicero Online. Für die Rubrik „Digitales" schreibt sie regelmäßig ihre Medienkolumne.

Die deutsche Printpresse befindet sich gerade im Todeskampf – und die Onlinewelt schaut hämisch zu. Dass Papierjournalismus komplett verschwindet, so weit darf es nicht kommen, denn bislang erfüllt nur er die gesellschaftlich wichtige Kritik- und Kontrollfunktion

Als Wolfgang Riepl 1913 seine Doktorarbeit über die menschliche Kommunikation seit der Römerzeit schrieb, da war die Welt gerade in einem tiefen Umbruch. Die ersten Filme ratterten über die Leinwand, Telegrafie-Botschaften flogen drahtlos über den Atlantik – die Geburt des Rundfunks. Riepl, damals Chefredakteur der Nürnberger Zeitung, hätte angesichts dieser Neuerungen allen Grund gehabt, sich um die Zukunft seiner Branche zu sorgen.

Tatsächlich aber kam er zur gegenteiligen Erkenntnis: Die ältesten Formen der Mediennutzung, wenn sie nur ausreichend erprobt und eingebürgert seien, würden niemals verdrängt werden, auch wenn der Fortschritt ein neueres, höher entwickeltes Nachrichtenmedium hervorbringe. Und tatsächlich: Die gute alte Tageszeitung, erfunden um 1650 in Leipzig, überlebte – trotz Hörfunk, Film und Fernsehen.

Heute, ein Jahrhundert nach Riepl, ist die Welt wieder im Umbruch. Wenn aber über die digitale Revolution diskutiert wird, zitieren Medienvertreter und Netzaktivisten gern dieses „Riepl'sche Gesetz". Demnach werde mit dem Internet auch nicht die Tageszeitung verschwin-

den. Diese Annahme hat nur einen Haken: Das Internet ist nämlich nicht einfach nur ein neues Medium, also ein Kanal, über den Botschaften verbreitet werden. Es ist vielmehr ein Saugfilter, der alles aufnimmt, was es an traditionellen Medien bisher gab: Radio, Fernsehen, Internet. Hinzu kommen neue Formen des Peer-to-peer[1], Bloggens, Crowdsourcing[2], Selbstdrehens. Es ist also nicht einfach nur ein moderneres Nachrichtenmedium, es ist das Überall-Medium schlechthin.
Und da sieht es plötzlich ganz düster für die Tageszeitungen aus. [...]
Hätte Riepl die jüngsten Meldungen vom Medienmarkt verfolgt, würde ihm sein Gesetz wohl Kopfzerbrechen bereiten. Ein kurzer Rückblick:

Ist das gute, alte Zeitunglesen bald von vorgestern?

20. Juni: Der Kölner Verlag DuMont Schauberg erwägt einen Verkauf der Frankfurter Rundschau (FR). Das krisengeschüttelte Blatt werde auch 2013 rote Zahlen schreiben, heißt es aus der Konzernleitung. Die FR ist seit Jahren in der Verlustzone, Teile des Blattes werden von der konzerneigenen Berliner Zeitung bestückt.
25. Juli: Statistiker vermelden einen alarmierenden Abwärtstrend der Tageszeitungen. Im Vergleich zum Vorjahr schrumpft die bundesweite Leserschaft um rund eine Million auf 48 Millionen, wie die Arbeitsgemeinschaft Media-Analyse berichtet. Dramatisch ist die Lage bei den regionalen Zeitungen, die zweistellige Verluste einfahren. Doch auch überregionale Blätter wie die Financial Times Deutschland (minus elf Prozent) und das Handelsblatt (minus sechs Prozent) befinden sich im freien Fall.
28. Juli: Die Financial Times Deutschland verkündet ihre Pläne zur Ausdünnung. Schrittweise soll die wochentägliche Ausgabe ins Netz verschwinden. Übrig bliebe dann nur noch eine Wochenzeitung.
20. September: Der Berliner Verlag verkündet einen Stellenabbau bei einem Anzeigenblatt. Nach Gewerkschaftsangaben sind beim Berliner Abendblatt, dem Berliner Kurier und der Berliner Zeitung 50 Arbeitsplätze bedroht.
29. September: Deutschlands älteste Straßenzeitung, das Nürnberger Abendblatt, erscheint nach 93 Jahren zum letzten Mal. Die Münchner Abendzeitung hatte das Blatt schon 2010 verkauft, zuletzt kam es auf eine Auflage von nur noch 14 000 Stück.
2. Oktober: Die Nachrichtenagentur „dapd“ gibt ihre Zahlungsunfähigkeit bekannt. Acht Gesellschaften von Deutschlands zweitgrößter Presseagentur stellen einen Insolvenzantrag. Das Unternehmen konnte seinen Mitarbeitern nicht einmal mehr die September-Gehälter überweisen. „Dapd“ beliefert täglich Dutzende Regionalzeitungen mit Nachrichten.
6. Oktober: Die linke Tageszeitung Junge Welt wendet sich mit einem Rettungsappell an die Leserschaft. Die Existenz der Zeitung (Auflage: 17 000 Stück) sei gefährdet, wenn sich nicht schnell weitere Abonnenten finden. Das Minus seit Jahresbeginn beläuft sich auf 100 000 Euro.

Doch der Trend ist nicht auf Deutschland beschränkt. Im Ausland ist die Lage zum Teil noch dramatischer [...].
Sind das alles Zufälle? Unvermeidliche Marktbereinigungen?
Eines ist es jedenfalls nicht: mangelnde Nachfrage. Denn während die oben zitierte Media Analyse nur die Leser der *gedruckten* Zeitungen erfasst, hat die Zeitungs Marketing Gesellschaft Ende September *alle* Vertriebsformen gezählt, also auch die im Netz. Und siehe da: Fast 80 Prozent der Deutschen – 55,7 Millionen – lesen demnach Zeitung.
Riepl würde lachen und sagen: Na also, ich habe Recht gehabt! Guter Journalismus findet nach wie vor reißenden Absatz!

---

[1] **Peer-to-peer** (engl. *peer* = gleichgestellt, ebenbürtig) = Kommunikation der Beteiligten auf Augenhöhe
[2] **Crowdsourcing** (engl. *crowd* = Menschenmenge) = Auslagerung traditionell interner Teilaufgaben an eine Gruppe Freiwilliger (hier: Internet-Nutzer)

Allerdings – und hier kommt das Problem – nicht mehr auf dem Papier. Ein Fünftel der Nutzer liest Nachrichten nur noch online. Es sind vor allem die jüngeren Menschen, die mit dem Internet aufwachsen, für die soziale Netzwerke und Wikipedia Alltag sind. Sie verzichten schon heute weitgehend auf Abonnements. Wenn die zeitungslosen Jungen älter werden und die gesellschaftliche Mehrheit stellen, wird es für die Printhäuser, die heute noch auf die alten Kohorten[1] setzen, ganz eng. Dann könnte das Internet tatsächlich der Totengräber der Printpresse sein.

Und das wäre dann schlimm, wenn sich der Trend des letzten Jahrzehnts in der Branche so fortsetzt: immer mehr Medien, immer mehr Bling-Bling, aber immer weniger Menschen, die das auch bestücken, die Inhalte liefern. Im Jahr 2000 gab es noch 15306 Redakteure bei Tages- und Wochenzeitungen in Deutschland, die sowohl Nachrichten für das Netz als auch für das Papier produzieren. Im vergangenen Jahr waren es aber nur noch 12966, wie aus einer Statistik der Akademie Berufliche Bildung der deutschen Zeitungsverleger hervorgeht. Die müssen nun alles gleichzeitig machen: Schreiben für die Printausgabe, für das Netz, Bloggen, Posten.

Wenn die Presse stirbt, könnte auch der Wächterjournalismus leiden. Denn weder die Blogosphäre noch der Onlinejournalismus in seiner heutigen Form erfüllen die Funktion, die die Printmedien bisher ausgeübt haben. [...] Es ist zumeist doch die Papierpresse, die kritisch nachfragt, investigativ unterwegs ist, die kleinen und großen Skandale aufdeckt. Die als einzige noch den Lokalfürsten auf dem Land etwas entgegenzusetzen hat. *(2012)*

Sorge, Petra: Zeitungssterben. Warum wir Papierpresse noch brauchen. In: Cicero Online – Magazin für politische Kultur vom 11. Oktober 2012. URL: www.cicero.de/salon/warum-wir-papierpresse-noch-brauchen/52161 (Abruf: 8.6.2017)

1. Erläutern Sie das grundsätzliche Dilemma, dem sich das heutige Zeitungs- und Pressewesen gegenübersieht.

2. Notieren Sie die Ursachen des Dilemmas, die im Text angegeben werden, und diskutieren Sie mit Ihrem Sitznachbarn/Ihrer Sitznachbarin über weitere mögliche Gründe.

[1] **Kohorte** = abwertende Bezeichnung für eine gemeinsam auftretende und agierende Personengruppe; hier: bisherige Leserschaft bzw. Zielgruppe

Stefan Niggemeier (geb. 1969)

Vorteil Internet

Der bei Osnabrück geborene Stefan Niggemeier war Anfang bis Mitte der 2000er Jahre verantwortlicher Medienredakteur der Frankfurter Allgemeinen Sonntagszeitung, bevor er als freier Journalist für verschiedene namhafte Zeitungen und Zeitschriften, in denen seine Beiträge regelmäßig zu lesen sind, tätig wurde. Er ist mittlerweile zudem einer der bekanntesten Blogger Deutschlands und wurde für den von ihm mitgegründeten „BILDblog. Kritisches über deutsche Medien“ bereits mehrfach ausgezeichnet.

Online bietet unendliche Möglichkeiten – gerade für Journalisten. Doch vielfach wird in Deutschland noch ein Kampf Papier gegen Internet geführt.

Und dann war da plötzlich ein Medium, mit dem man alles machen konnte. Journalisten, die ein langes Interview geführt hatten, für das in der Zeitung nicht genügend Platz war, konnten es trotzdem in ganzer Länge veröffentlichen. Kritiker konnten ihrem Publikum zeigen, worüber sie schrieben: die Kunst, das Bauwerk, den Film, mit beliebig vielen Fotos oder bewegten Bildern. Meldungen konnten sich auf die Neuigkeiten des Tages beschränken und für diejenigen, die die Vorgeschichte nicht mitbekommen hatten, einen Link auf die entsprechende Meldung vom Vortag setzen.

Kommentatoren konnten eine echte öffentliche Debatte führen und auf widersprechende Meinungen in anderen Medien verweisen, und die Leser konnten sich daran beteiligen und untereinander und mit den Autoren diskutieren. Nachrichten konnten das Publikum sofort erreichen, egal wann sie passierten. Fehler konnten an Ort und Stelle korrigiert werden. Rechercheure konnten dem interessierten Publikum die brisanten Dokumente, die sie aufgetan hatten, zeigen. Aufklärer konnten ihre Argumente mit Quellen untermauern, von deren Aussagekraft sich die Leser ein eigenes Bild machen konnten.

Die aufwändig produzierten Inhalte von gestern verstaubten nicht mehr in irgendwelchen Archiven, sondern blieben zugänglich. Und sie mussten nicht erst teuer und zeitraubend auf Papier gedruckt und durch das ganze Land verschickt werden, um zu den Lesern zu kommen.

Eigentlich müssten La-Ola-Wellen von Journalisten durch das Land schwappen, vor lauter Begeisterung darüber, wie das Internet ihre Arbeit erleichtert und verbessert und ihre Möglichkeiten potenziert hat. Das Gegenteil ist der Fall. Die Online-Welten werden abgetan und belächelt, als Heimat für Betrüger und Perverse denunziert, die digitalen Vorreiter als „Internet-Apologeten“[1] verspottet. Jedes Indiz dafür, dass die junge Internet-Welt noch nicht mithalten kann mit den über viele Jahrzehnte, Jahrhunderte etablierten Formen der Produktion und Finanzierung von Journalismus, wird als Scheinbeleg für die vermeintlich immanente Überlegenheit der Wissensvermittlung auf Papier gefeiert.

Dem Internet wird das egal sein. Es ist nicht auf gute Presse angewiesen. Seine technischen Vorteile sind für die meisten Menschen, die jungen zumal, so offenkundig, dass sie auch nicht darauf hereinfallen, dass in der Rhetorik der Papierjournalistenlobby das Internet synonym mit marodisierenden Kinderschänderbanden, der Kiosk hingegen anscheinend nur edle Hochglanzzeitschriften feinster Recherchekunst anbietet. [...]

Ist es nicht erstaunlich, in welch geringem Maße Journalisten Gebrauch machen von den Möglichkeiten des neuen Mediums? Es gibt in Deutschland wenig, das man wirklich als „Online-Journalismus“ bezeichnen könnte. Was es stattdessen im Überfluss gibt: Übernahmen aus Printmedien, ergänzt durch Bildergalerien, hinter denen erkennbar weniger ein publizistisches Interesse steht als der Versuch, möglichst viele Klicks zu generieren. Automatisch oder halbautomatisch übernommene Agenturmeldungen, illustriert mit dem erstbesten Symbolfoto aus dem Archiv. Und hastig ab- und zusammengeschriebene Textchen mit Klatsch und Tratsch. [...]

Das ist natürlich eine Frage des fehlenden Etats. Aber es spricht auch für ein erhebliches Misstrauen gegenüber den neuen Formen und Möglichkeiten – und den ungewohnten Regeln, die im Internet gelten. Schon das Verlinken auf andere Seiten, eine der Ur-Funktionen des Netzes,

---

[1] **Apologet** = Person, die von einer Auffassung, Lehre o. Ä. absolut überzeugt ist und diese mit Nachdruck vertritt

scheint bei den deutschen Online-Medien auf erhebliche innere Widerstände zu stoßen; nur allmählich setzt sich die Praxis durch.

Als Erklärung für das, gelinde gesagt: zurückhaltende Engagement deutscher Medien im Netz müssen immer wieder die mangelnden Refinanzierungsmöglichkeiten[1] herhalten. Natürlich ist das nicht falsch. Natürlich kann man verstehen, dass ein Verlag zögert, bevor er es riskiert, ein noch halbwegs funktionierendes Erlösmodell möglicherweise durch ein Angebot zu kannibalisieren, bei dem die Werbeerlöse zur Zeit ungleich niedriger und die Vertriebserlöse Fehlanzeige sind. Aber das Risiko einer scheinbaren Risiko-Vermeidungsstrategie dürfte noch größer sein. [...]

Wer sein Online-Angebot auf ein Minimum reduziert, um die Menschen zu zwingen, das Print-Produkt zu kaufen, läuft Gefahr, für eine ganze Generation gar nicht mehr präsent zu sein. Der Stern etwa konzetriert sich im Internet im Wesentlichen darauf, Agenturmeldungen hübsch aufzubereiten und mit einzelnen Kolumnen anzureichern. Die einbrechenden Auflagenzahlen des gedruckten Stern deuten eher nicht darauf hin, dass das die Menschen dazu bringt, massenhaft an den Kiosk zu gehen. Und junge Leute, die das Heft selbst womöglich nie in der Hand hatten, kämen angesichts des real existierenden *stern.de* vermutlich nicht auf die Idee, dass sich hinter der Muttermarke ein traditionsreiches Angebot mit großen Reportagen und üppigen Fotos verbirgt.

Nach der aktuell unter Verlegern vorherrschenden Interpretation schützt der Stern seine Einnahme dadurch, dass er seine exklusiven Inhalte nicht online verschenkt. Stattdessen verschenkt der Stern aber so die Möglichkeit, sich neue Leser zu erschließen, die das spezielle journalistische Angebot von Stern womöglich zu schätzen wüssten – was jedenfalls wahrscheinlicher ist als beim Agentureinerlei auf *stern.de.* Wer glaubt, dass er im Internet nur zweite Wahl anbieten muss, darf sich nicht wundern, wenn das Image seiner Marke leidet.

Die Aussage, dass sich Qualitäts-Journalismus im Internet nicht refinanzieren lässt, wird von den Print-Lobbyisten so oft wiederholt, als handele es sich um ein Naturgesetz. Dabei handelt es sich bislang nur um eine Momentaufnahme in einem Medium, das gerade erst zum Massenmedium geworden ist und sich immer noch rasant verändert. [...] Sicher ist nur: Das Festhalten an Papier wird in Zukunft für die wenigsten ein Geschäftsmodell sein.

Auch das muss man festhalten: Es mag sein, dass in Zukunft weniger Journalisten gebraucht werden. Jedenfalls nicht die Heerscharen, deren Arbeit vor allem daraus besteht, Agenturmeldungen ins eigene Redaktionssystem zu pflegen und das noch einmal aufzuschreiben, was überall anders schon steht. Der Online-Journalismus wirkt manchmal wie eine reine Vervielfältigungs-Maschine von Inhalten. Das war der Print-Journalismus in vielen Bereichen auch schon, aber den Lesern der *Emder Zeitung* fiel natürlich nicht auf, wenn in der *Braunschweiger Zeitung* dieselben Meldungen standen.

Die publizistische Chance und die ökonomische Pflicht werden für die meisten professionellen Medien darin bestehen, eigene Inhalte zu recherchieren und zu produzieren, sich zu spezialisieren und im Dialog mit den Lesern eine eigene Kompetenz aufzubauen und zu pflegen. Viel zu sehr sind die Medienunternehmen im Netz noch damit beschäftigt, besinnungslos Reichweite zu generieren, indem sie alles anbieten und einen bizarren Leser-Sammel-Wettbewerb veranstalten. [...]

„Wozu noch Journalismus?" – das ist nicht der Achselzucker eines Twitterers und *Facebook*-Abhängigen. „Wozu noch Journalismus?" ist die Frage, die sich Journalisten und Verleger im Internet wieder stellen müssen, um sich auf die Grundlagen zu besinnen. Warum machen wir das hier eigentlich? Was wollen wir? Möglichst viele Leute mit irgendwas erreichen? Möglichst viel Geld mit irgendwas verdienen? Oder haben wir etwas zu sagen?

An der Notwendigkeit von Journalismus hat sich nichts geändert. Geändert hat sich nur, dass er nicht mehr in einer Welt des Informationsmangels, sondern des Informationsüberflusses stattfindet. Die Aufgabe des Journalisten inmitten des Durcheinanders lässt sich ganz einfach

---

[1] **Refinanzierung** = Fachausdruck für die Kapitalbeschaffung zur Finanzierung einer Investition; hier: Andeutung eines Verlustgeschäftes

beschreiben: das Wichtige vom Unwichtigen zu trennen und das Richtige vom Falschen. Das Wie hat sich geändert, nicht das Wozu.

Nicht gebraucht wird nur schlechter Journalismus. Aber das war schon immer so. Es fiel früher nur nicht so auf.

(2010)

Niggemeier, Stefan: Vorteil Internet. In: Weichert, Stephan/Kramp, Leif/Jakobs, Hans-Jürgen (Hrsg.): Wozu noch Journalismus? Wie das Internet einen Beruf verändert. Göttingen: Vandenhoeck & Ruprecht 2010, S. 41 – 46

1. Notieren Sie die Chancen, die sich dem Journalismus durch das Internet eröffnen, stichwortartig.

2. Fassen Sie die Kritik des Journalisten und Bloggers an den bisherigen Internetauftritten der großen Tageszeitungen in einem prägnanten Satz zusammen.

3. Auch Niggemeier ist von der Wichtigkeit journalistischer Qualität in der Berichterstattung (vgl. Z. 69 ff.) überzeugt.
Bereiten Sie mit Ihrem Sitznachbarn einen Kurzvortrag vor, in welchem Sie sich auf der Grundlage des vorliegenden Essays kritisch mit der Frage auseinandersetzen, ob Qualitätsjournalismus (vgl. S. 39) und Online-Journalismus einander ausschließen.

4. Im 21. Jahrhundert angekommen, muss bilanziert werden, dass das Internet aus dem Alltag nicht mehr wegzudenken ist. Angesichts der demografischen Entwicklung in Deutschland und der Welt ist zudem nicht auszuschließen, dass die Printmedien von heute eines Tages nur noch online verfügbar sein werden.
Entwickeln Sie vor diesem Hintergrund gemeinsam Ideen und Lösungsansätze für eine hoffnungsvolle Zukunft des Mediums (Online-)Zeitung.

2.5 *Exkurs*: Materialgestütztes Verfassen eines argumentierenden Textes

Auf der Grundlage Ihrer bisherigen Ergebnisse und Erkenntnisse in diesem Baustein zum Thema „Zeitung“ sollen Sie im Folgenden einen argumentierenden Text verfassen:

Die Situation
Die Redaktion der *Süddeutschen Zeitung* plant die Fortsetzung ihres bereits vor einigen Jahren veröffentlichten Sammelbandes „Wozu noch Journalismus? Wie das Internet einen Beruf verändert“ und beauftragt Sie, einen Essay (alternativ: einen Kommentar) mit dem Titel „Zukunft des Mediums Zeitung im digitalen Zeitalter?“ zu schreiben.

Verfassen Sie einen Essay (bzw. Kommentar) mit einer Länge von etwa 500 Wörtern, in welchem Sie sich zu der im Titel aufgeworfenen Frage äußern und Ihre Vorstellung von einer (Online-) Zeitung mit Zukunft begründet darlegen.
Beziehen Sie neben den vorliegenden Materialien (vgl. Abschnitte 2.1 – 2.4, S. 31 ff.) auch Ihre eigenen Ideen und Wissensbestände in Ihre Ausführungen ein.
→ Hilfen finden Sie im Anhang auf S. 61 ff.

3 Der Film als eigene Kunstform

In diesem Baustein soll das Medium „Film“ als eigenständiges Kunstwerk genauer in den Blick genommen werden. Am Beispiel von Pepe Danquarts etwa 12-minütigem Werk „Schwarzfahrer“ (D 1992), der 1994 in der Kategorie „Bester Kurzfilm“ mit dem Oscar ausgezeichnet wurde, untersuchen Sie die spezifische Gestaltung des Films als audiovisuellen Text und zugleich erzählendes Medium sowie seine Wirkung auf den Rezipienten und beurteilen schließlich dessen ästhetische Qualität.
Neben der Wiederholung und Vertiefung des Ihnen bereits aus der Sekundarstufe I bekannten filmanalytischen Instrumentariums erschließen Sie sich somit nun zusätzlich auch die Machart und künstlerische Absicht des Films, erkennen also die an den Zuschauer gerichtete Botschaft des Films, seine „Message“, und identifizieren (möglicherweise genrespezifische) filmästhetische Muster und Motive.
Konkret beschäftigen Sie sich mit folgenden Leitfragen, was zugleich eine gute Vorbereitung auf die Abiturprüfung im Unterrichtsfach Deutsch darstellt:

Was? Handlung, Situationen, Probleme, Konflikte, Emotionen *(Inhaltsanalyse)*
Wer? Personen, Figurenkonstellation *(Figurenanalyse)*
Wozu? Moral, Aussage, Ideologie *(Aussagen- und Wirkungsanalyse)*
Wie? Gestaltung, Ästhetik, Bauformen des Erzählens *(Filmsprachliche Analyse)*

3.1 Die dramatische Struktur des Kurzfilms „Schwarzfahrer“

Christine Mersiowsky (geb. 1970)

Die Reise des Filmhelden in drei Akten

Aus Sicht des US-amerikanischen Drehbuchautors Christopher Vogler basieren erfolgreiche Filme in der Regel auf dem mythologischen Prinzip der „Reise des Helden“, woraus sich zwangsläufig die im Folgenden näher beschriebene Drei-Akte-Struktur ergibt:
Im ersten Akt wird der Held in seiner gewohnten Umgebung vorgestellt, weshalb diesem primär eine expositorische Funktion zukommt. Ein einschneidendes Ereignis bringt den Wendepunkt im Leben des Helden und zwingt ihn dazu, (widerwillig) aufzubrechen und in eine für ihn ungewohnte Welt zu reisen. Das Überschreiten dieser ersten Schwelle (Plot Point I) stellt zugleich den Übergang in den zweiten und längsten Akt dar. Hier sieht sich der Held mit neuen Herausforderungen und Bewährungsproben konfrontiert. Er findet Verbündete, macht sich Feinde und begreift allmählich die Regeln der ihm fremd erscheinenden Welt.
Das Bestehen der alles entscheidenden Prüfung des Helden markiert zugleich den zweiten Wendepunkt (Plot Point II) und leitet folglich den dritten Akt ein. Erst wenn es ihm gelungen ist, das heilende Elixier zu finden, welches den inneren Reifeprozess symbolisieren soll, kann und darf der Held in seine gewohnte Welt zurückkehren. *(2015)*

Originalbeitrag

1. Schauen Sie sich Pepe Danquarts Kurzfilm „Schwarzfahrer" an und überprüfen Sie, ob dieser die typische Drei-Akt-Struktur des Films aufweist oder (bewusst) von diesem Schema abweicht.

1. Akt (Aufbruch)	**2. Akt (Initiation)**	**3. Akt (Rückkehr)**
• Darstellung der gewohnten Welt • Ruf des Helden zum Abenteuer und Weigerung • Begegnung mit einem Mentor und Ermutigung • Aufbruch und Überschreiten der ersten Schwelle **(Plot Point I)**	• Bewährungsproben • Verbündete, Feinde • Vordringen des Helden zur tiefsten Höhle/zum empfindlichsten Kern • entscheidende Prüfung (Feuerprobe) und Überschreiten der zweiten Schwelle **(Plot Point II)** • Belohnung	• (richtiger) Rückweg • Verfolgungen • Auferstehung des Helden: wird von den Erfahrungen grundlegend verändert („Rettung von innen") • Rückkehr mit einem „Schatz" bzw. dem heilenden Elixier in die gewohnte Welt

2. Lesen Sie die folgenden Informationen und überprüfen Sie, ob sich der oben beschriebene Aufbau des Kurzfilms auf den eines traditionellen Dramas nach Gustav Freytag übertragen lässt, indem Sie die entsprechenden Timecodes (mm:ss) notieren.

Information

Aufbau des traditionellen Dramas nach Gustav Freytag

Der deutsche Schriftsteller Gustav Freytag (1816–1895) veröffentlichte 1863 seine Abhandlung „Die Technik des Dramas", in der er die Grundzüge der Dramentheorie des griechischen Philosophen Aristoteles (384–322 v. Chr.) aufnahm und in einer eigenen Darstellung verarbeitete.
Freytag vertrat hier seine Auffassung, dass das traditionelle Drama idealtypisch aus fünf Akten bestehe, die jeweils eine besondere Funktion für den Handlungsverlauf hätten **(geschlossene Bauform)**. Zur Veranschaulichung nutzte er die Form der Pyramide:

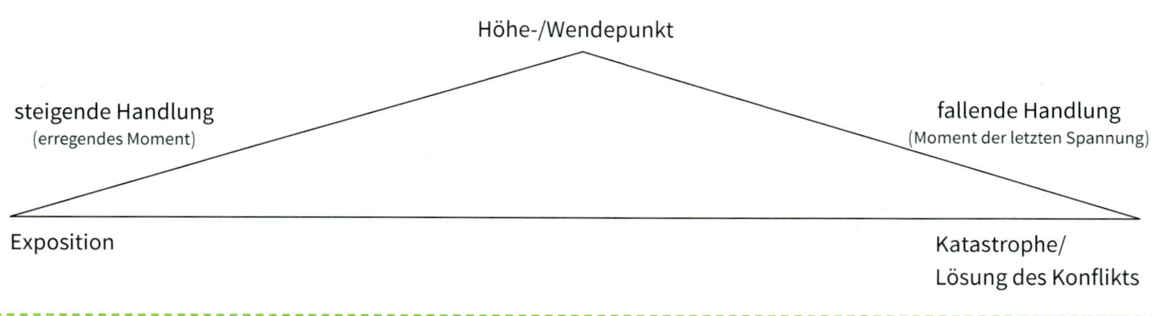

Der Aufbau des Kurzfilms „Schwarzfahrer"

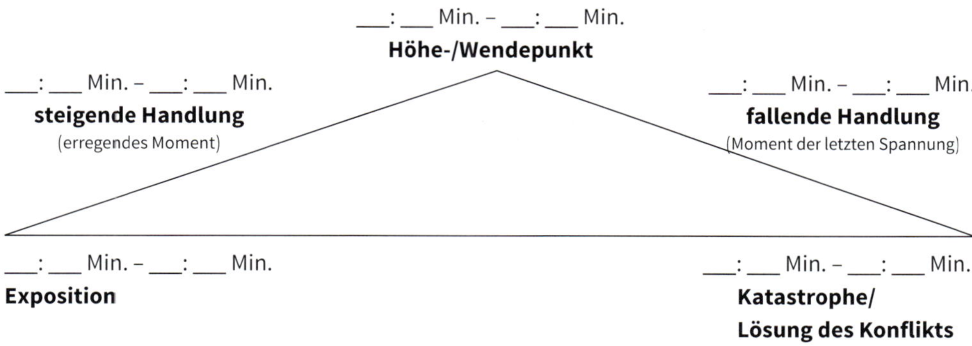

3.2 Figurenkonzeption und -konstellation in dramatischer Gestaltung

Im Folgenden soll die Figurenkonstellation (inkl. Figurenkonzeption) im Kurzfilm „Schwarzfahrer" genauer untersucht werden.

1. Erstellen Sie ein Strukturbild zur Figurenkonstellation, aus welchem die Beziehungen der Figuren zueinander (Nähe/Distanz, Liebe/Hass usw.) hervorgehen, indem Sie...
- Namenskärtchen, die Sie verwenden wollen, nach folgendem Muster erstellen und auf einen DIN A3-Bogen legen,
- Ihre Struktur um kurze Texte und grafische Elemente (Pfeile, Symbole, Rechtecke, Kreise usw.) ergänzen und
- die Kärtchen schließlich festkleben.

Der Farbige	Die ältere Dame	Der Motorradfahrer

Hier finden Sie eine kleine Auswahl an Vorschlägen für mögliche Strukturierungsmuster:

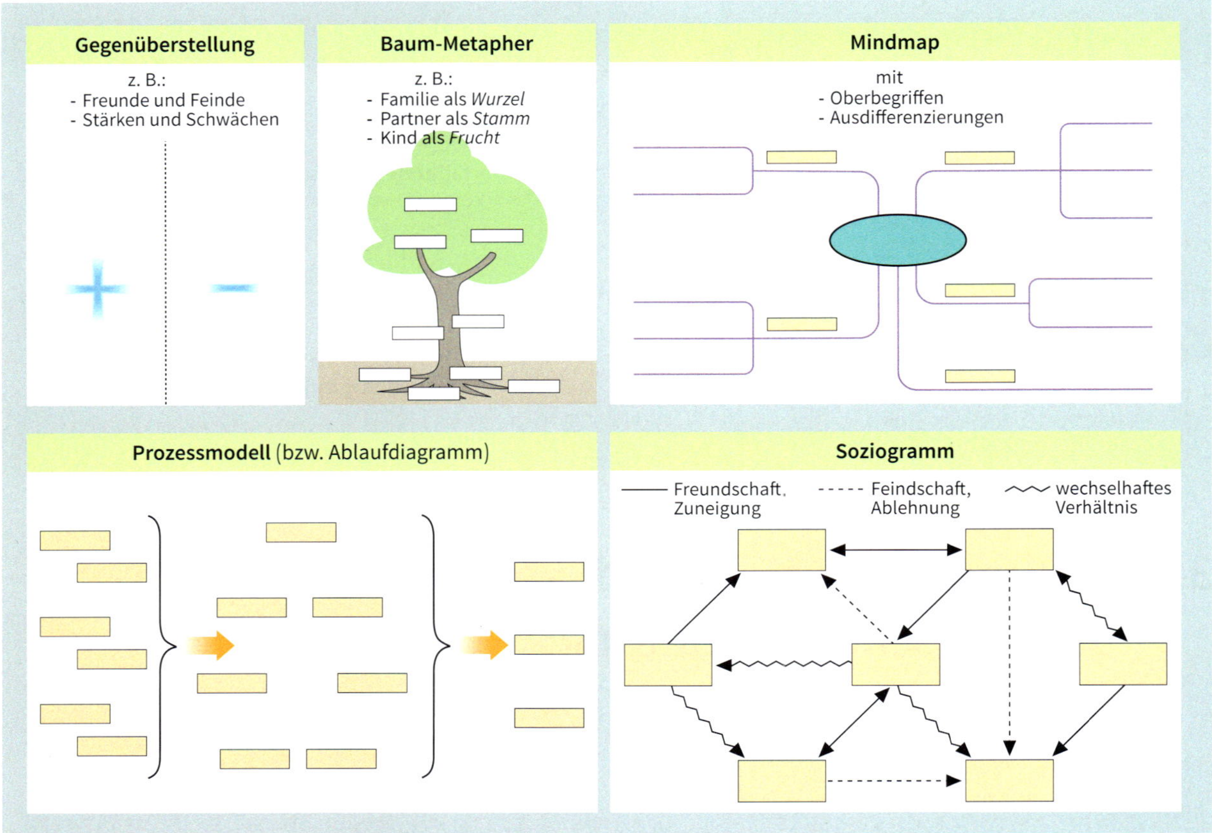

Darstellung nach: Seifert, Josef W.: Visualisieren, Präsentieren, Moderieren. Gabal Verlag. Offenbach 2017

2. Lesen Sie die Informationen im Kasten zur Gestaltung literarischer Figuren und setzen Sie sich mit der Frage auseinander, welchem Gestaltungskonzept die Haupt- und Nebenfiguren des Kurzfilms „Schwarzfahrer" zuzuordnen sind.

Information

Konzepte zur Gestaltung literarischer Figuren

Charaktere ...

- weisen individuelle Charaktereigenschaften auf.
- haben häufig eine besondere Rolle (Held/Heldin).
- haben eine eigene Biografie.
- sprechen eine charakteristische Sprache.
- haben oft einen aussagekräftigen Namen (ggf. sprechender Name).
- entwickeln sich ggf. im Verlauf der Handlung.

Typen ...

- haben kaum bzw. keine individuellen Eigenschaften, sondern eine bestimmte Funktion.
- haben wenig Anteil am Fortgang der Handlung
- haben keine individuelle Biografie.
- sprechen eine funktionelle Sprache.
- haben selten aussagekräftige Namen (ggf. sogar keinen Namen).
- entwickeln sich im Verlauf der Handlung nicht.

3. Erläutern Sie die Absicht, die der Regisseur Pepe Danquart mit seiner Gestaltung der Figurenkonstellation und -konzeption möglicherweise verfolgt.

3.3 Werte und Normen der ideellen Botschaft des Films (Message)

„The medium is the message" – „Das Medium ist die Botschaft" (McLuhan). Vor diesem Hintergrund soll im Folgenden der Monolog der älteren Dame als zentrale Sequenz dieses Kurzfilms analysiert werden. Im Mittelpunkt steht dabei die Frage, wie ihre Äußerungen, aber auch das Verhalten der übrigen Fahrgäste rechtlich und ethisch zu bewerten sind.

Pepe Danquart (geb. 1955)

Schwarzfahrer

Die ältere Dame (Senta Moira) und der Farbige (Paul Outlaw) in der Berliner Straßenbahn

FARBIGER Ist da noch frei?

ÄLTERE DAME *schaut den Farbigen von oben bis unten an, schweigt.*

FARBIGER *wartet auf eine Antwort und nimmt dann den freien Fensterplatz ein.*

ÄLTERE DAME *zieht demonstrativ ihre Tasche und kurz darauf auch ihren Mantel weg.* Sie Flegel! Warum setzen Sie sich nicht woanders hin? Es gibt doch genug Plätze hier. – Jetzt kann man schon nicht mehr Straßenbahn fahren, ohne belästigt zu werden. Wer von unseren Steuern profitiert, könnte sich wenigstens anständig benehmen. *Pause* Als ob man sich nicht an unsere Sitten anpassen könnte.

FARBIGER *verzehrt wortlos Nüsse.*

ÄLTERE DAME Warum kommt ihr überhaupt alle hierher? Hat euch denn jemand eingeladen? Wir haben es alleine geschafft. Wir brauchen keine Hottentotten, die uns nur auf der Tasche herumliegen. Jetzt, wo wir selber so viele Arbeitslose haben. Dann arbeiten die alle noch schwarz. Als ob das jemand kontrollieren könnte, wo von denen einer aussieht wie der andere.
Man müsste wenigstens verlangen können, dass sie ihre Namen ändern, bevor sie zu uns kommen. Sonst hat man ja gar keinen Anhaltspunkt. Im Übrigen riechen sie penetrant. – Aber das kann man ja schließlich nicht verbieten.

Die Kamera schwenkt und zeigt die übrigen Fahrgäste, welche mit sich selbst beschäftigt sind. An der nächsten Haltestation steigt ein junger Mann hinzu, dessen Musik über den Kopfhörer für alle zu hören ist. Ein älterer Herr dreht sich kopfschüttelnd zu ihm um.

ÄLTERE DAME Als ob nicht die Italiener und Türken schon genug wären. Jetzt kommt auch noch halb Afrika. Das wäre früher nicht passiert, dass alle rein dürfen zu uns. Mein Hans sagte immer: „Lassen wir einen rein, dann kommen sie alle – die ganze Sippschaft." Die vermehren sich ja wie die Karnickel, da unten – alle quer durcheinander. *Pause* Kein Wunder, dass die da alle AIDS haben. Die kriegen wir nie wieder los! Wenn das jetzt so weiter geht bei uns, gibt's bald nur noch Türken, Polen und Neger hier. Man weiß ja schon bald nicht mehr, in welchem Land man lebt.

Die Straßenbahn hält erneut und eine Gruppe Schulkinder stürmt auf die Straßenbahn zu. Der Farbige schaut aus dem Fenster.

SCHAFFNER Guten Tag, Fahrscheinkontrolle. Ihre Fahrscheine bitte.

Der Farbige zückt sein Portemonnaie, was die ältere Dame stillschweigend beobachtet.

MOTORRADFAHRER Na klar, Scheiß Tag.

ÄLTERE DAME *holt ihren Fahrschein aus der Handtasche.* Ich trau mich ja schon nicht mehr auf die Straße, wenn's dunkel wird. Man liest ja so viel in der Zeitung.
Na ja, wir haben uns jedenfalls einen Hund angeschafft, als man dem Türken die Wohnung unter uns gegeben hat. Man kann ja nie wissen. Sozialfall! Von wegen! Die wollen alle nicht arbeiten.

Der Farbige reißt der älteren Dame den Fahrschein aus der Hand und isst ihn auf.

Junge Mama, guck mal.

Die ältere Dame ist sprachlos und schaut den Farbigen irritiert an.

Schaffner *zur älteren Dame.* Fahrscheinkontrolle! Ihren Fahrschein, bitte.

Ältere Dame *nach einer Pause.* Der Neger hier hat ihn eben aufgefressen!

Der Schaffner schaut fragend auf den Farbigen, welcher ihm kommentarlos seine Dauerkarte zeigt.

Schaffner *zum Farbigen.* Danke. *Zur älteren Dame gewandt.* So 'ne blöde Ausrede hab ich auch noch nicht gehört. Tja, wenn Sie keinen Fahrschein haben, muss ich Sie bitten, mit mir mitzukommen. [...]

Die ältere Dame bei der Fahrscheinkontrolle

Danquart, Pepe: Schwarzfahrer. Eigene Transkription (00:03:20 – 00:09:51 Std.) In: bitfilm (Hrsg.): Feine Deutsche Kurzwaren. 14 Meisterwerke des deutschen Films. Hamburg 2002

1. Lesen Sie die Informationen im Kasten, wählen Sie einen der folgenden Vorschläge aus und bearbeiten Sie diesen:

Vorschlag A (analytisch)
Interpretieren Sie die vorliegende Szene im Hinblick auf die Äußerungen der älteren Dame und das Verhalten der übrigen Fahrgäste.

Vorschlag B (produktionsorientiert)
Der Farbige erstattet nach diesem Ereignis in der Straßenbahn Anzeige, woraufhin der Fall vor Gericht eingehend untersucht wird.
Verfassen Sie das abschließende Urteil des/der zuständigen Richters/Richterin, in dem er/sie ...

- die Äußerungen der älteren Dame und das Verhalten der übrigen Fahrgäste bewertet,
- prüft, ob bei den Beteiligten ein Straftatbestand im Sinne des vorliegenden Gesetzestextes vorliegt,
- zu einer begründeten Entscheidung gelangt und
- gegebenenfalls das Strafmaß[1] der Verurteilten festlegt.

Information

Rassendiskriminierung gemäß Art. 2016 bis StGB der Schweiz[1]

Wer öffentlich gegen eine Person oder eine Gruppe von Personen wegen ihrer Rasse, Ethnie[2] oder Religion zu Hass oder Diskriminierung aufruft, wer öffentlich Ideologien verbreitet, die auf systematische Herabsetzung oder Verleumdung der Angehörigen einer Rasse, Ethnie oder Religion gerichtet sind, wer mit dem gleichen Ziel Propagandaaktionen organisiert, fördert oder daran teilnimmt, wer öffentlich durch Wort, Schrift, Bild, Gebärden, Tätlichkeiten oder in anderer Weise eine Person oder eine Gruppe von Personen wegen ihrer Rasse, Ethnie oder Religion in einer gegen die Menschenwürde verstoßenden Weise herabsetzt oder diskriminiert oder aus einem dieser Gründe Völkermord oder andere Verbrechen gegen die Menschlichkeit leugnet, gröblich verharmlost oder zu rechtfertigen sucht, wer eine von ihm angebotene Leistung, die für die Allgemeinheit bestimmt ist, einer Person oder einer Gruppe von Personen wegen ihrer Rasse, Ethnie oder Religion verweigert,
wird mit Gefängnis oder mit Buße bestraft.

[1] Das **Strafmaß** besteht immer aus einer Haftstrafe (bis zu 90 Tage bei besonders schwerwiegenden Fällen), die alternativ auf Bewährung einschließlich entsprechender Geldstrafe, welche sich wiederum nach dem Verdienst des Verurteilten richtet (z. B. Tagessatz in Höhe von 100 EUR), ausgesetzt weden kann, und/oder einem Bußgeld (bis zu 3.000 EUR).
Die Handlung basiert auf einer wahren Begebenheit, die sich in der Schweiz zugetragen hat.

[2] **Ethnie** = Menschengruppe mit einheitlicher Kultur

2. Fassen Sie auf der Grundlage Ihrer bisherigen Ergebnisse die „Message" des Films in einem prägnanten Satz zusammen.

____

____

____

3.4 Filmsprachliche Mittel im ästhetischen Gestaltungszusammenhang

Nachdem die „Message" des Kurzfilms herausgearbeitet worden ist, soll im Weiteren analysiert werden, wie diese filmsprachlich inszeniert und dem Zuschauer übermittelt wird.

Information

Die drei Elemente des Films: Bild, Ton und Schnitt

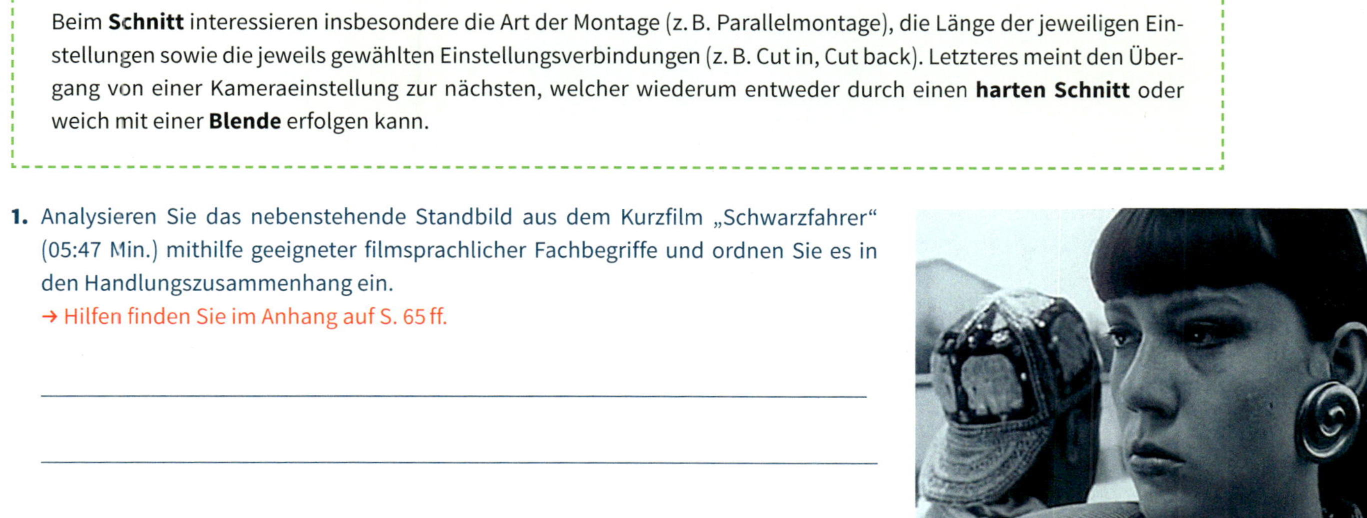

Das Besondere dieses Mediums ist das bewegte **Bild**.
Im Rahmen der Filmanalyse werden hier vor allem

- Kameraführung
  (Einstellungsgrößen, Perspektiven und Kamerabewegungen)
- Ausstattung
  (Raum, Requisiten, Kostüme usw.)
- Beleuchtung
- Farbgestaltung

untersucht.

Der aus dem On oder Off kommende **Ton** besteht hauptsächlich aus der Sprache der Figuren. Unterstützt wird das bewegte Bild zudem durch Musik und Geräusche.

Beim **Schnitt** interessieren insbesondere die Art der Montage (z. B. Parallelmontage), die Länge der jeweiligen Einstellungen sowie die jeweils gewählten Einstellungsverbindungen (z. B. Cut in, Cut back). Letzteres meint den Übergang von einer Kameraeinstellung zur nächsten, welcher wiederum entweder durch einen **harten Schnitt** oder weich mit einer **Blende** erfolgen kann.

1. Analysieren Sie das nebenstehende Standbild aus dem Kurzfilm „Schwarzfahrer" (05:47 Min.) mithilfe geeigneter filmsprachlicher Fachbegriffe und ordnen Sie es in den Handlungszusammenhang ein.
→ Hilfen finden Sie im Anhang auf S. 65 ff.

____

____

____

____

____

2. Legen Sie in Ihrem Heft eine Tabelle nach folgendem Muster an und schauen Sie diese zentrale Filmsequenz (04:40 – 07:33 Min.) unter folgender Fragestellung erneut:
Wie wird die Teilnahmslosigkeit der übrigen Fahrgäste filmsprachlich inszeniert?

Bild	Ton	Schnitt
Kameraführung (Einstellungsgrößen, Perspektiven, Kamerabewegung)	Sprache	Art der Montage
…	…	…

3. Bilden Sie eine Kleingruppe (max. 4 Teilnehmer) und diskutieren Sie die Absicht, mit der Pepe Danquart diese filmsprachlichen Elemente verwendet.

3.5 Die Bedeutung des Filmgenres

Unter einem Filmgenre wird eine Gruppe von Filmen verstanden, welche dieselben Merkmale aufweisen. Eine solche Gemeinsamkeit kann beispielweise in einer bestimmten Erzählform oder der Grundstimmung in Bezug auf das Thema, den Ort und/oder die Zeit der Handlung bestehen. Filmgenres dienen in erster Linie als Verständigungskategorie zwischen den Filmemachern und dem Publikum, da an die einzelnen Genres bestimmte Erwartungshaltungen für die Rezeption eines Filmes geknüpft sind.

3.5.1 Das Genre des Kurzfilms „Schwarzfahrer“ bestimmen

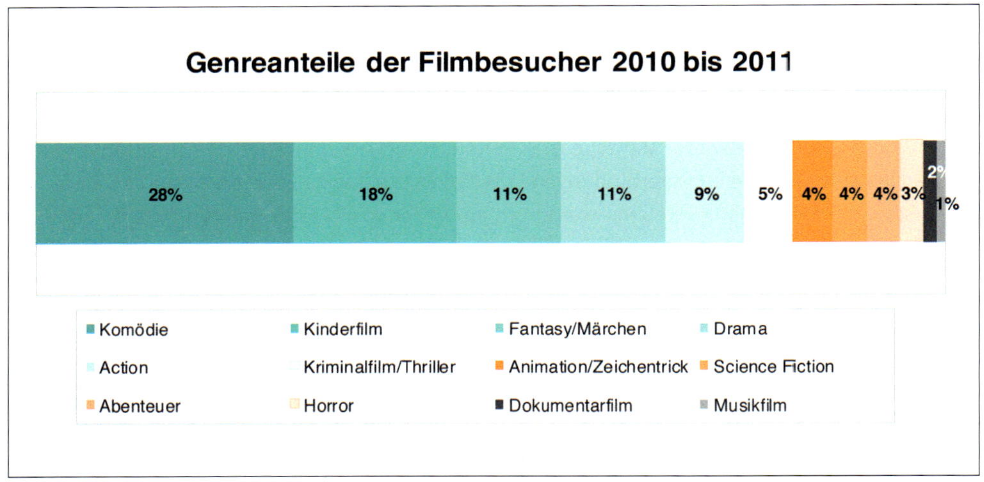

FFA-Filmförderanstalt (Hrsg.): Filmgenres 2010 bis 2011. Eine Auswertung zum Genreangebot in deutschen Kinos und zur Genrevielfalt deutscher Filme. Berlin 2013

1. Setzen Sie sich mit der gängigen Praxis, Filme in Filmgenres einzuteilen, kritisch auseinander, indem Sie insbesondere folgende Fragen für sich beantworten:
- Warum werden Filme überhaupt klassifiziert?
- Welche Vor- bzw. Nachteile hat die Unterteilung in Filmgenres?
- Halten Sie die von der Filmförderanstalt (FFA) vorgenommene Einteilung vor diesem Hintergrund für sinnvoll bzw. treffend? Warum (nicht)?

2. Tragödie und Komödie stellen gewisse Gegenpole zueinander dar. Legen Sie in Ihrem Heft eine Tabelle nach folgendem Muster an und vergleichen Sie beide Filmgenres.

	Tragödie	**Komödie**
Filmbeispiele	Schindlers Liste (USA 1993) Der Pate (USA 1972)	Fack ju Göhte (D 2013) Kokowääh (D 2011)
Themen		
Handlung		
Figuren		
Setting (Ort und Zeit)		
...	...	...

3. Pepe Danquart versteht seinen Kurzfilm „Schwarzfahrer" als Komödie. Lesen Sie die folgenden Informationen im Kasten und verfassen Sie einen Eintrag auf seiner Facebook-Seite, in welchem Sie begründet darlegen, warum Sie dieser Zuordnung (nicht) zustimmen.

Hinweis: Sie finden das Profil des Regisseurs in den sozialen Netzwerken unter www.facebook.com/PepeDanquart (Stand: 8.6.2017).

Information

Pepe Danquart über seinen Kurzfilm „Schwarzfahrer"

„Ich wollte einen Film machen, der [...] nicht moralisiert, [sondern über den] man [...] lachen kann. Es sollte ein Lachen sein, das Nachdenken provoziert. Ein Nachdenken über sich und diese Gleichgültigkeit gegenüber den tagtäglichen Übergriffen, gegenüber diesen neuen rassistischen und rechtsradikalen Tönen, dieser größer werdenden Bereitschaft zur Gewalt Ausländern gegenüber."

3.5.2 Genrespezifische Erzählmuster und Gestaltungsprinzipien im Kurzfilm „Schwarzfahrer" erkennen

Im Folgenden soll überprüft werden, ob in Pepe Danquarts Kurzfilm „Schwarzfahrer" genrespezifische Erzählmuster und Motive identifiziert werden können.

Claus Schlegel

„Sagen Sie meiner Frau, dass ich sie liebe."

Betritt der Held eine Bar, dann fragt er entweder nach einem Glas Milch oder bestellt einen doppelten Whiskey, den er in einem Schluck austrinkt. Doch egal, was er auch bestellt, nach spätestens zwei Minuten ist er in eine Schlägerei verwickelt, bei der garantiert der Spiegel, das Treppengeländer und einige Flaschen, Tische und Stühle zu Bruch gehen.

Wenn der Held einen wichtigen Zeugen verhört, steht dieser immer mit dem Rücken zu einem Fenster, um so im richtigen Moment von einem Auftragskiller im Nachbargebäude erschossen zu werden.

Scheinbar unattraktive Frauen brauchen nur die Brille abzunehmen, den Haarknoten zu öffnen und einmal den Kopf zu schütteln, um wunderschön auszusehen.

Der beste Schutz des Mannes vor Schlangen, Skorpionen oder ähnlich unangenehmem Getier ist eine weibliche Begleitung, da sich diese Tiere selbst in einer Gruppe von 100 Männern zielsicher die einzige Frau als potenzielles Opfer aussuchen werden.

Wer im Horrorfilm „Ich komme gleich wieder" sagt, ist mit Sicherheit das nächste Opfer.

Bei dramatischen Szenen verlangsamt sich die Erzählzeit. Der herannahende Zug benötigt für die letzten 200 Meter vor der Kollision mit dem Schulbus auf dem Bahnübergang mindestens zwei Minuten, wobei das Herannahen immer wieder aus verschiedenen Perspektiven gezeigt wird.

Jeder, der aus einem Alptraum erwacht, wird aufrecht im Bett sitzen, schwitzen und keuchen.

Bei Nebenfiguren kommt die rettende Person (Freund, Polizei, Vater, Mutter, Hund) stets eine kurze Zeit zu spät, sodass der Täter flüchten kann und das Opfer stirbt. Bei Hauptdarstellern hingegen kommt die rettende Person pünktlich, um größeres Leid vom Opfer abzuwenden.

Wie viele Kugeln einen auch tödlich getroffen haben, man fällt nicht einfach zu Boden, sondern geht erst noch ein paar Schritte, schießt zurück und sagt noch sein Sprüchlein auf.

Bücher werden von Schülern nie gelesen, sondern stets nur herumgetragen oder in Stapeln (bevorzugt mit „Uff!") abgelegt oder aber entnervt zugeschlagen („Ich verstehe das nie!").

In amerikanischen High Schools bahnen sich Beziehungen zwischen Schülern meistens an, indem eine(r) von beiden entweder den am Spind stehenden anderen überrennt oder aber auf dem Korridor stürzt oder seine/ihre Bücher fallen lässt, sodass der/die jeweils andere ihm/ihr helfen muss.

„Sagen Sie meiner Frau, dass ich sie liebe!" – typische Sterbeszene.

„Trink das, das wird dir guttun." – ein häufig zu hörender Satz in Abenteuerfilmen, benutzt vom Partner des Helden, wenn dieser nach einer Bewusstlosigkeit zu sich kommt. *(2011)*

Aus: Schlegel, Claus: „Sagen Sie meiner Frau, dass ich sie liebe.". In: Themenheft Zentralabitur. Filmisches Erzählen. Stuttgart: Ernst Klett Verlag 2011, S. 13

1. Ordnen Sie die im Text angeführten Erzählmuster und Motive bestimmten Filmgenres zu. Ergänzen Sie Ihre Übersicht gegebenenfalls um weitere genretypische Klischees, die Sie aus Filmen kennen.

2. Diskutieren Sie mit Ihrem Sitznachbarn, inwiefern sich auch Danquart in seinem Kurzfilm „Schwarzfahrer" typischer Erzählmuster und Motive bedient.

3. Entwerfen Sie für den Kurzfilm „Schwarzfahrer" ein Filmplakat. Achten Sie dabei darauf, dass die besonderen und möglicherweise zudem genretypischen Merkmale dieses Werkes für den Betrachter auf einen Blick zu erkennen sind.

3.6 Einführung in die Filmkritik

1. Aktivieren Sie Ihr Textsortenwissen und notieren Sie mithilfe der Informationen auf Seite 57 stichwortartig die konstitutiven Inhalte bzw. Elemente einer Rezension (= Kritik).

____

____

____

____

____

Information

Einführung in die Literatur- bzw. Filmkritik

Gero von Wilpert versteht eine Rezension (lat. *recensio* = Musterung) als „kritische Beurteilung und Besprechung" eines Werkes „durch einen Rezensenten in einer Zeitung oder Zeitschrift". Sie dient im Wesentlichen dazu, den Leser über ein neu veröffentlichtes Buch bzw. einen im Kino angelaufenen Film auf dem Markt zu informieren (**Informationsfunktion**) und die Qualität des Werkes zu beurteilen. Thomas Anz ist der Auffassung, dass der Rezensent dem Rezipienten auf diese Weise einen Überblick über „eine zunehmend unüberschaubare Zahl von Neuerscheinungen" verschaffe und somit eine „Entscheidungshilfe" zum Kauf des Buches bzw. Gang ins Kino liefere (**Selektionsfunktion**). Die zu den journalistischen Textsorten zählende Rezension hat als solche zudem eine **Unterhaltungsfunktion**, weshalb sich der Rezensent der im Journalismus gängigen Stilmittel bedient, um auch die Literatur- bzw. Filmkritik selbst zu einem Leseerlebnis zu machen. Um die Leserschaft zu begeistern, setzt dies bei dem Rezensenten ein hohes Maß an Schreibkompetenz voraus.

Clarissa Ruge

Ohne den dicken deutschen Zeigefinger

Ausgezeichnet als bester Kurzfilm:
Pepe Danquarts absurde Komödie „Schwarzfahrer" spielt in Berlin.

Pepe Danquart am 25.3.1994 mit seinem Oscar für den Kurzfilm „Der Schwarzfahrer"

Der König dieser Nacht schlief friedlich in Los Angeles, als der Überfall auf seine Freunde in Berlin begann. „O Gott, hier sind auf einmal lauter Kameras", konnte eine Mitarbeiterin von Trans-Film nur noch matt hauchen. Gestern war bei der kleinen Berliner Filmfirma der Andrang von Journalisten groß. Kein Wunder: Schließlich bekommt nicht alle Tage ein deutscher Regisseur für seinen Film einen Oscar. Pepe Danquart hat es geschafft. Die absurde Komödie „Schwarzfahrer" des 39-jährigen Berliner Filmemachers wurde für den besten Kurzfilm ausgezeichnet.

„Komödie und Tragik vermischen sich in diesem Zwölf-Minuten-Film", erklärt die Hauptdarstellerin Senta Moira das Geheimnis des Films. „Es wird nicht mit dem dicken deutschen Zeigefinger auf die Unmoral gezeigt." Mit Ironie fängt Pepe Danquart das schwere Thema Diskriminierung auf. „Erst war ich entsetzt, als ich die Rolle dieser gemeinen Alten gelesen habe. Pepe musste mich dazu lange überreden", sagt die Theaterschauspielerin.

Nicht erfunden

Die Handlung des Films: Ein Schwarzer (Paul Outlaw) steigt in die Straßenbahn im Ostteil Berlins ein und setzt sich neben eine alte Frau (Senta Moira). Diese macht so lange rassistische Bemerkungen, bis dem Gedemütigten der Geduldsfaden reißt und er das Ticket der Alten aufisst. Als ein Schaffner kontrolliert, muss sie aussteigen.

„Wir haben diese Handlung nicht erfunden, sie trug sich wirklich in der Schweiz zu", sagt der Produzent von Trans-Film, Albert Kitzler, zu der Idee des Films. 1992 haben Danquart und sein Team gedreht, und schon bald entpuppte sich der Kurzfilm als Erfolg. Gezeigt wurde der Streifen auf etlichen renommierten Festivals – und ausgezeichnet mit diversen Preisen. Nur der Ausschuss für die Nominierung des Bundesfilmpreises ließ das gute Stück unter den Teppich fallen. Warum, wisse keiner, sagt Kitzler. Aber das alles spielt jetzt keine große Rolle mehr. Der Oscar überstrahlt alles.

„Dass wir es überhaupt geschafft haben, den Film zu zeigen, ist unglaublich", erklärt heiser Sandur Söth, Herstellungsleiter des Kurzfilms. Denn just als alles im Kasten war, stellte das

[1] Vgl. ebenda, S. 196.

Team von 25 Technikern fest, dass der Film wegen eines totalen Negativschadens unbrauchbar war. So mussten sie in dreieinhalb Tagen alles noch einmal drehen. Ausruhen wird sich Pepe Danquart mit seinem Oscar lange noch nicht. Er will am liebsten „gleich weiterarbeiten". Im Unterschied zu seinem amerikanischen Kollegen Steven Spielberg, der nach seinem „Oscar"-Segen ein Jahr Drehpause einlegen will, habe er schon neue Pläne, diesmal für einen langen Spielfilm, sagte Danquart nach der Preisverleihung in einem Fernsehinterview. Er hoffe, dass die Auszeichnung ihm bei der Verwirklichung helfen werde. Das Thema Rassismus, das er in „Schwarzfahrer" pointiert darstellt, habe die Jury wohl angesprochen, vermutet Danquart, der am Freitag wieder in Berlin erwartet wird.

Mit „Herzklopfen vor dem Fernseher gesessen" hat Danquarts Freundin, die Filmemacherin Mirjam Quinte, in Freiburg. Eine „Superchance" sieht sie in dem „Oscar"-Gewinn, weil Pepe Danquart in Richtung Spielfilm wolle. Er arbeite seit einem Jahr mehr in Berlin als in Freiburg, da in Baden-Württemberg für Filmemacher praktisch keine Infrastruktur vorhanden sei.

Verblüffung

Der Mitbegründer der Medienwerkstatt Freiburg, Bertram Rotermund, findet es „etwas verblüffend, wenn man für eine Arbeit aus der Oppositionsbewegung einen Oscar erhält". Auch Danquart gehört zu den Gründern dieser Medienwerkstatt Freiburg, die 1978 aus der Alternativszene hervorgegangen ist. Dort befassen sich Filmemacher vor allem mit Dokumentarfilmen über politische, soziale und kulturelle Themen. Seit einigen Jahren sind sie im TV-Geschäft gut vertreten. Auch Danquart hat schon 1979 mit einer Reihe von Kurzfilmen für das ZDF und den Südwestfunk auf sich aufmerksam gemacht.

Von Freiburg über Berlin nach Hollywood, vom alternativen Filmemacher zum Oscar-Preisträger: Über seinen gewaltigen Karriere-Sprung wird Pepe Danquart wohl noch einige Nächte mehr schlafen müssen – um sich dann gleich wieder ins Filmgeschäft zu stürzen. [...] *(1994)*

Ruge, Clarissa: Ohne den dicken deutschen Zeigefinger. In: Berliner Zeitung vom 23. März 1994 (gekürzter Auszug)

1. Lesen Sie den vorliegenden Zeitungsartikel und beurteilen Sie, ob es sich dabei um eine Rezension handelt. Gehen Sie in diesem Zusammenhang auf die Aspekte ein, die Sie mit Blick auf diese Textsorte möglicherweise vermissen bzw. als entbehrlich erachten.

2. Verfassen Sie eine Rezension zu Pepe Danquarts Kurzfilm „Schwarzfahrer".
→ Hilfen finden Sie im Anhang auf S. 68.

Anhang

In diesem abschließenden Teil finden Sie neben den gängigen Operatoren für das Unterrichtsfach Deutsch verschiedene Übersichten, um zentrale methodische Fähigkeiten, die Ihnen bereits aus den letzten Schuljahren bekannt sind, zu wiederholen und individuell zu üben.
Ihnen werden noch einmal wichtige Arbeitstechniken aufgezeigt, die Ihnen beim Anfertigen von Hausaufgaben oder bei der Vorbereitung auf Klausuren helfen sollen. Auch bei der Erarbeitung einzelner Kapitel während des Unterrichts können Sie hier immer wieder nachschlagen.

A 1 Einen argumentativen Sachtext analysieren

Das müssen Sie wissen

Bei der Analyse eines argumentativen Sachtextes geht es in einem ersten Schritt darum, den Leser/die Leserin über den Inhalt eines Textes zu informieren. Darüber hinaus soll in einem zweiten Schritt untersucht werden, auf welche Art und Weise der Verfasser seinen Standpunkt argumentativ zu stützen versucht, welche sprachlichen Strategien er dabei anwendet und welche Wirkung er mithilfe der verwendeten sprachlich-rhetorischen Mittel erzielt. Neben der inhaltlichen Analyse gewinnt also die Formanalyse an Bedeutung, neben das „Was" (Was sagt der Text aus?) eines Textes tritt das „Wie" (Wie ist der Text gemacht?).

So können Sie vorgehen

Einleitung	Nennen Sie in der Einleitung den Verfasser/die Verfasserin, den Titel, die Textsorte, das Thema sowie ggf. Erscheinungsort und -jahr des Sachtextes.
Hauptteil	Fassen Sie im Hauptteil zunächst die Informationen der einzelnen Textabschnitte knapp mit eigenen Worten zusammen. Gliedern Sie dafür den Text idealerweise in Sinnabschnitte. Nach dieser rein inhaltlichen Arbeit geht es für Sie in einem zweiten Schritt in einer Detailanalyse darum, den **Aufbau** des Textes, also auch den Bezug der einzelnen Abschnitte zueinander, zu untersuchen. Nennt der Autor in seinem Text beispielsweise ausschließlich Argumente, die seine These stützen, spricht man von einer linearen (thetischen) **Argumentationsstruktur**; erwähnt er auch Gegenargumente, bezeichnet man diese als dialektisch (antithetisch). Um die Strategie des Autors zu verstehen, können z. B. die Reihenfolge der vom Autor gewählten Argumente, der gewählte **Argumentationstyp** (Autoritäts- oder Faktenargument, normatives oder analogisierendes Argument), der Wortschatz, der Satzbau oder Stil des Textes eine wichtige Rolle spielen. Untersuchen Sie auch die **Funktion** der Argumente hinsichtlich der **Intention** (Absicht/Ziel) des Autors.

Schluss	Am Ende Ihrer Sachtextanalyse steht eine kurze Zusammenfassung der Gesamtaussage des Textes. Sie können den untersuchten Sachtext mit Bezug auf die Analyseergebnisse im Hauptteil hinsichtlich seiner Wirkung und der Intention des Autors **bewerten**. Neben der Einschätzung der Vorgehensweise des Autors können Sie im Schlussteil auch eine persönliche, gut begründete Meinung mit Blick auf Schlüssigkeit und Verständlichkeit des Textes formulieren. Dieses **Fazit** kann zustimmend, ablehnend oder ausgewogen ausfallen.
Sprache	Die Sprache Ihrer Sachtextanalyse sollte sachlich und informativ sein, umgangssprachliche Formulierungen sollten Sie vermeiden. Wörtliche Zitate müssen Sie immer mit Anführungszeichen und Seiten-/ Zeilenangaben, sinngemäße Zitate mit einem „Vgl." kenntlich machen. Die Nutzung der **indirekten Rede** ermöglicht es dem Leser der Sachtextanalyse, zwischen dem Gedankengang des Bezugstextes und dem Ihrer Analyse zu differenzieren. Wählen Sie als Tempus das **Präsens**.
Formulierungs-hilfen	Folgende Formulierungen können Ihnen bei der Analyse des Argumentationsgangs im Hauptteil hilfreich sein: Der Autor/Die Autorin • informiert darüber, dass ... • vertritt die These/stellt die Behauptung auf, dass ... • verdeutlicht seine These, indem ... • gibt ein Beispiel, um ... zu • beruft sich auf eine Autorität, sodass ... • nutzt hier ein Faktenargument, um zu verdeutlichen, dass ... • belegt seine Position mithilfe von ... • appelliert an ... • fasst abschließend zusammen ...
Arbeitsschritte	**A Vorarbeiten** 1. Erstes, überfliegendes Lesen, um einen Überblick zu gewinnen 2. Zweites, gründliches Lesen, um ein vollständiges Textverständnis zu bekommen; Klärung unbekannter Begriffe, Markieren zentraler Textstellen/Schlüsselwörter 3. Erschließen des Themas des Textes: „In dem Text geht es um ..." 4. Erschließen des inhaltlichen Aufbaus: Gliederung des Textes in Sinnabschnitte (Absätze) und ggf. Formulierung von Zwischenüberschriften auf einem Notizzettel 5. Formale Erschließung des Aufbaus einzelner Argumente sowie des argumentativen Gedankengangs des Autors; Bestimmung der Funktion der einzelnen Argumente für den argumentativen Gesamtaufbau des Textes bzw. für die Intention; Analyse der Sprache im Hinblick auf ihre Funktion für die Argumentation **B Niederschrift nach Erstellung einer Gliederung** 6. Zusammenfassung des Inhalts und der Aufgabe des jeweiligen Abschnitts mit eigenen Worten sowie Analyse von Sprache und Argumentationsweise (bei wörtlicher Wiedergabe Beachtung der Zitierregeln) 7. Ggf. (sprachliche) Überarbeitung des Textes; dabei auf sinnvolle Verknüpfung von Einleitung, Hauptteil und Schluss achten

Timotheus Schwake, in: Diekhans, Johannes/Fuchs, Michael (Hrsg.): P.A.U.L. D. Oberstufe. Schöningh Verlag. Paderborn 2013, S. 568 f. (gekürzt und leicht abgewandelt

A 2 Ausgewählte journalistische Textsorten im Überblick

Das seit Kurzem gängige materialgestützte Verfassen informierender und argumentierender Texte setzt neben einer gut ausgeprägten Schreibkompetenz im Allgemeinen ebenfalls umfassende Kenntnisse über die üblichen journalistischen Formate und deren stilistische Besonderheiten im Speziellen voraus.
Die nachstehenden Ausführungen sollen Ihnen einen Überblick über wesentliche Darstellungsformen im Journalismus verschaffen:

tatsachenbetonte Textsorten **(= informierend)**	meinungsbetonte Textsorten **(= argumentierend)**
Der **Bericht** ist eine eher systematische Darstellung eines bestimmten Themas bzw. Sachverhalts. • Beschreibung der näheren Umstände des Geschehens im Präteritum • Anreicherung durch interessante Einzelheiten • wertneutrale Wiedergabe von Eindrücken und/oder Meinungen der Beteiligten, meist in indirekter Rede	Der **Kommentar** stellt eine eher subjektive Stellungnahme zu einem Ereignis und/oder Problem dar, die den Leser zur Meinungsbildung anregen soll. • kritische Fragen und (Gegen-)Argumente als Argumentationsstrategie • Ironie als Stilmittel • häufig appellativer Charakter durch Aufforderungen und/oder Warnungen
Die **Reportage** ist ein subjektiv geprägter, anschaulicher (Erlebnis-)Bericht mit primär informativem Charakter. • lebendige Darstellung eigener Beobachtungen, Eindrücke und Empfindungen des Reporters • Leser ist durch ihre stilistischen Besonderheiten (Ich-Form, Präsens) „live“ dabei	Die **Glosse**, eine Sonderform des Kommentars, ist gekennzeichnet durch Satire und Polemik, wodurch sie sich mit einem Ereignis in besonders bissiger und überspitzter Weise auseinandersetzt. • Kurzdarstellung einer pointierten Sichtweise • gehäufter Gebrauch von Stilmitteln (Vergleiche, Hyperbel u. Ä.) und äußerst prägnanten Formulierungen
In der **Analyse** wird ein bestimmtes Thema systematisch genau untersucht (Teilaspekte, Ursachen/Entstehung, Folgen usw.), um ein umfassendes Wissen über das Thema zu vermitteln. • Autor hält seine eigene Meinung bewusst zurück • Darstellung verschiedener Erklärungsmodelle • Orientierung an wissenschaftlichen Vorgehensweisen	Ein **Essay** ist eine eher unsystematische und nicht auf Vollständigkeit, sondern auf Provokation des Lesers abzielende Abhandlung einer wissenschaftlichen, politischen, kulturellen, philosophischen o. ä. Frage in zum Teil knapper, jedoch sprachlich anspruchsvoller Form. • liefert keine Lösungen, sondern gibt Denkanstöße • experimentierendes Denken und assoziative Gedankenführung • Betrachtung aus verschiedenen Perspektiven • temperamentvoller, künstlerisch-subjektiver Schreibstil
Beim **Interview** wird das Gespräch zwischen dem Journalisten und dem Prominenten aus Politik, Wirtschaft, Kultur und/oder Gesellschaft in wörtlicher Rede wiedergegeben. • abwechslungsreicher Dialog mit Frage und Antwort • Darstellung der Informationen aus „erster Hand“ (aber: häufig werden die Inhalte vor Veröffentlichung vom Gesprächspartner abgesegnet)	Die **Rezension** (auch: die Kritik) dient dazu, ein aktuelles kulturelles Ereignis, die Neuerscheinung eines Buches, die Premiere eines Kinofilms oder eine neue Theaterinszenierung, darzustellen. • persönliche, subjektive Meinung des Rezensenten • häufig polarisierende, radikale Urteile („Verriss“)

A 3 Materialgestütztes Schreiben informierender und argumentierender Texte

Neben den bereits seit Langem gängigen Aufgabenformaten für textbezogenes Schreiben in seinen verschiedenen Ausprägungen hat inzwischen zudem das materialgestützte Schreiben Einzug in den Deutschunterricht der gymnasialen Oberstufe gehalten.

Textbezogenes Schreiben				**Materialgestütztes Schreiben**	
Interpretation literarischer Texte	Analyse pragmatischer Texte	Eröterung literarischer Texte	Eröterung pragmatischer Texte	Materialgestütztes Verfassen informierender Texte	Materialgestütztes Verfassen argumentierender Texte

Ziel des materialgestützten Verfassens **informierender** Texte ist es, den Leser über einen Sachverhalt so zu informieren, dass dieser eine Vorstellung von den wesentlichen (Teil-)Aspekten entwickeln kann, weshalb informierende Texte immer auch erklärende Anteile enthalten. Beim Schreiben sollen zum einen die vorgegebenen Materialien – sowohl lineare als auch diskontinuierliche Texte (Tabellen, Grafiken, Diagramme usw.) –, zum anderen aber auch eigene Wissensbestände in die Ausführungen einbezogen werden.

Das materialgestützte Verfassen **argumentierender** Texte hingegen besteht im Kern darin, zu strittigen oder erklärungsbedürftigen Fragen, Sachverhalten und Texten differenzierte Argumentationen zu entwickeln und diese strukturiert zu entfalten, weshalb argumentierende Texte auch hier informierende und erklärende Anteile enthalten. Analog zum Verfassen informierender Texte sollen auch hier die vorgegebenen Materialien und eigene Wissensbestände genutzt werden. Darüber hinaus sind aber auch die Ergebnisse eigener Analysen, Vergleiche und Untersuchungen in die eigene Argumentation einzubeziehen. Ziel ist es letztlich, mithilfe des argumentierenden Textes sowohl die Kontroverse des Themas als auch die vom Verfasser eingenommene Position für den Adressaten nachvollziehbar zu machen.

Für beide Formen des materialgestützten Schreibens gilt: Neben der fachlichen Richtigkeit des Inhalts ist für die Bewertung des verfassten Textes die Darstellungsleistung zentral: So soll der Sachverhalt *adressatenbezogen, zielorientiert* und in *kohärenter* Weise dargelegt werden. Es gilt außerdem, den Stil der geforderten Textsorte zu adaptieren.

So können Sie vorgehen

1. Sichten Sie die vorgegebenen Materialien, um sich einen ersten Überblick über das Thema zu verschaffen.
2. Lesen Sie die Ausgangssituation einschließlich der Aufgabenstellung und analysieren Sie die Schreibsituation, in der Sie sich befinden:
   - Schreibauftrag: Thema, Anlass
   - Adressat: Alter, Bildungsniveau, Vorwissen
   - Verfasser: Rolle/Aufgabe, Intention
   - Schreibprodukt: Textsorte (Inhalt, Aufbau und sprachliche Form)
3. Legen Sie die inhaltlichen Teilaspekte fest, auf die Sie in Ihrem informierenden bzw. argumentierenden Text mit Blick auf die Aufgabenstellung eingehen wollen bzw. sollen, und legen Sie auf einem Notizzettel eine entsprechende Matrix an, z. B.:

M	Merkmale der Aufklärung	gesellschaftliche/ politische Situation	wichtige Autoren	Literatur um 1800/ zentrale Werke	...
1	Wahrheit, Licht/ Erkenntnis, Hinterfragen tradierter Werte		Georg Christoph Lichtenberg	Aphorismen	
2	...				

4. Lesen Sie die Materialien erneut und halten Sie die relevanten Informationen in Ihrer Matrix stichwortartig fest.

5. Erstellen Sie einen Schreibplan für den Hauptteil Ihres informierenden bzw. argumentierenden Textes, indem Sie...

- eine der folgenden gedanklichen Strukturen, die Ihnen geeignet erscheint, auswählen oder einen Gliederungsvorschlag an Ihren Bedarf anpassen.

Ursachen	Wirkungen	Folgen
bei kaltem Wetter zu dünn angezogen	starke Erkältung	Klausur muss nachgeschrieben werden
abends zu viel Kaffee getrunken	sehr spät eingeschlafen	fehlende Konzentration und Kopfschmerzen am nächsten Arbeitstag
Vergangenheit	**Gegenwart**	**Zukunft**
oft zu dünn angezogen	angemessene Kleidung	hoffentlich weniger Erkältungen
zu viel Kaffee am späten Abend	am Abend eher Getränke ohne Koffein	hoffentlich mehr Konzentration und Wohlbefinden am Arbeitsplatz
Problem	**Lösung**	**Umsetzung**
häufige Erkältungen	Vorbeugung durch angemessene Kleidung	Zwiebellook mit Schichten aus dünnen und dicken Kleidungsstücken
Einschlafschwierigkeiten	Verzicht auf koffeinhaltige Getränke am späten Abend	Kauf von koffeinfreiem Kaffee
Frage	**Antwort**	**Folgerung**
Möglicher Grund für die häufigen Erkältungen?	Erkältungen durch unangemessene Kleidung	auf angemessene Kleidung achten
Möglicher Grund für die Probleme beim Einschlafen?	koffeinhaltige Getränke am Abend	auf koffeinhaltige Getränke möglichst verzichten

Nach: Ellerich, Christel/Gebhard, Lilli/Rühle, Christian: Rund um materialgestütztes Schreiben. Berlin: Cornelsen Verlag 2015, S. 14 (ergänzt)

- notieren, welche konkreten Inhalte Ihrer Matrix (vgl. 4.) Sie wo und in welcher Reihenfolge einbringen wollen.
- sich erste Formulierungen für die jeweiligen Sinnabschnitte überlegen und festhalten.
- Ihre Inhalte mit geeigneten stilistischen Mitteln (Metapher, Ironie usw.) anreichern.

6. Verfassen Sie den geforderten informierenden bzw. argumentierenden Text auf der Grundlage Ihres Schreibplans. Achten Sie dabei darauf, die einzelnen Teilaspekte hinreichend zu erläutern und sinnvoll miteinander zu verknüpfen.

7. Überprüfen Sie Inhalt, Aufbau und sprachliche Form Ihres Textes und überarbeiten Sie ihn gegebenenfalls.

A 4 Einen Essay schreiben

Das müssen Sie wissen

Der Essay (frz. *essai* = Versuch) beinhaltet eine meist argumentative Auseinandersetzung mit einem Thema aus dem wissenschaftlichen, politischen, kulturellen, philosophischen o. ä. Bereich. Anders als bei einer wissenschaftlichen Abhandlung steht bei einem Essay die subjektive Sicht des Verfassers in Bezug auf das Thema im Vordergrund. Er unterscheidet sich weiterhin von der Analyse, indem er weniger streng formal aufgebaut, also nicht an wissenschaftliche Vorgehensweisen gebunden ist und daher durchaus Gedankensprünge und individuelle (z. B. bildhafte, poetische) Darstellungsweisen zulässt. In diesem Sinne kann seine Sprache sowohl wissenschaftlich klar als auch literarisch sein.
Der Essay versucht weniger zu überzeugen, als vielmehr Denkanstöße für den Leser zu geben, weshalb das Thema häufig aus verschiedenen Perspektiven betrachtet wird.
Essaythemen werden häufig in Form von Zitaten formuliert, z. B.:

- „Du sollst dir kein Bildnis machen“ (Max Frisch)
- „Die Grenzen meiner Sprache bedeuten die Grenzen meiner Welt“ (Ludwig Wittgenstein)

Hinweis: Ein geeignetes Beispiel zur Veranschaulichung finden Sie in Abschnitt 2.2 (S. 35 ff.) mit dem Essay „Wer vertraut uns noch?“ (Götz Hamann) vor.

So können Sie vorgehen

1. Sammeln Sie zu Ihrem Thema zunächst ungeordnet Ideen. Greifen Sie dabei auf wissenschaftliche Kenntnisse, aber auch auf subjektive Erfahrungen zurück.
2. Ordnen Sie Ihre Stoffsammlung, indem Sie Oberbegriffe bzw. Darstellungsbereiche festlegen und Detailinformationen zuordnen.
3. Legen Sie den beabsichtigten „roten Faden“ für Ihren Essay fest, indem Sie die Einzelgesichtspunkte (Darstellungsbereiche) in eine Reihenfolge bringen.
4. Überlegen Sie sich eine besondere Einleitung, die das Interesse des Lesers oder der Leserin in besonderer Weise weckt.
5. Schreiben Sie nun Ihren Essay. Achten Sie bei der sprachlichen Gestaltung auf Folgendes:
   - Schreiben Sie allgemein verständlich, klar und präzise, gehen Sie zurückhaltend mit der Fachsprache um.
   - Fügen Sie gegebenenfalls Zitate, die Ihre subjektive Sicht in Bezug auf das Thema unterstützen können, in Ihren Essay ein. Achten Sie dabei auf die korrekte Wiedergabe der Zitate.
   - Reichern Sie Ihren Text mit den im Journalismus gängigen stilistischen Mitteln (Metapher, Ironie usw.) wohlüberlegt an.
6. Überarbeiten Sie Ihren Essay im Hinblick auf inhaltliche, strukturelle (Aufbau) und sprachliche Gesichtspunkte.

Melanie Prenting, in: Diekhans, Johannes/Fuchs, Michael (Hrsg.): P.A.U.L. D. Oberstufe. Paderborn: Schöningh Verlag 2013, S. 591 f. (leicht verändert)

A 5 Ausgewählte filmsprachliche Mittel im Überblick (Glossar)

Wenn Sie das Medium „Film“ als einen audiovisuellen Text analysieren wollen, kommt es auch darauf an, die filmsprachlichen Besonderheiten mit den entsprechenden Fachausdrücken zu kennzeichnen, um Ihre Aussagen zur Deutung informativ zu belegen.
Die folgende Liste enthält wichtige, immer wieder verwendete filmsprachliche Mittel. Welche Funktion diese jeweils im Textzusammenhang haben, kann man nicht allgemein sagen. In jedem Fall unterstützen sie eine bestimmte Aussageabsicht, die mit diesem Medium verbunden ist, nämlich die eigentliche „Message“ des Films.

1. BILD	
Beleuchtung	Hierbei werden a) natürliches Licht und Kunstlicht, b) nach Art der Ausleuchtung Vorder-, Gegen- und Unterlicht und c) nach Grad der Ausleuchtung High Key (mit besonders heller, gleichmäßiger Ausleuchtung der Szene) und Low Key (mit absichtlich unausgeleuchteten Flächen mit bedrohlicher, düsterer oder auch „romantischer“ Wirkung) unterschieden.
Blende	Im Gegensatz zum harten → Schnitt werden durch entsprechende Auf- bzw. Abblenden (in Form von Schwarz-, Unschärfe-, Über-, Wischblenden usw.) weiche Szenenübergänge geschaffen.
Einstellung (= Take)	kontinuierlich aufgenommene und wiedergegebene Kameraaufnahme; wird durch → *Blende* und → *Schnitt* begrenzt
Einstellungsgröße	Hierunter wird die Größe des dargestellten Objektes – in der Regel eine Einzelperson – im Verhältnis zu seiner Umgebung (Bildausschnitt) verstanden. Die Einstellungsgröße bestimmt die Nähe bzw. Distanz zum gefilmten Objekt und folglich auch die emotionale Wirkung auf den Zuschauer. Folgende Einstellungsgrößen sind dabei gängig:[1]
	**Detail** (auch: Makro) Bei dieser Einstellung wird die Aufmerksamkeit des Zuschauers auf einen kleinen Teil des Körpers bzw. eines Gegenstandes gelenkt, wodurch Intimität und extreme Nähe suggeriert werden. Das Gezeigte soll auf den Zuschauer entweder angenehm oder auch abstoßend wirken.
	**Groß** (auch: Close-up, Porträt) Bei dieser Einstellung erscheint der Kopf einer Figur in einer Großaufnahme. Sie findet häufig Verwendung in Gesprächen, weil sie die ausdrucksstarke Mimik des Sprechenden zeigt (Einblick in das Gefühlsleben, Identifikation des Zuschauers usw.).
	**Nah** Bei dieser Einstellung bestimmen der Kopf sowie der halbe Oberkörper (etwa ab Brusthöhe aufwärts) das Bild. Hier stehen somit mimische und gestische Elemente im Vordergrund und sollen erfasst werden. Die Naheinstellung ist subjektiv und hat noch emotionalen Charakter, weswegen auch diese häufig in Dialogen gebraucht wird.

[1] Die Unterscheidung zwischen den einzelnen Typen (insbesondere zwischen Amerikanisch und Halbnah) ist zum Teil jedoch schwierig und hängt unter anderem auch vom Kontext des Films ab: Je nachdem, ob der Fokus auf nur einer Person oder Gruppe liegt, kann die Kameraeinstellung eher einem größeren bzw. kleineren Typ zugeordnet werden.

Halbnah
Bei dieser Einstellung wird die Figur von der Hüfte an aufwärts gezeigt. Sie ermöglicht eine Orientierung im Raum, indem auch die unmittelbare Umgebung gezeigt wird. Im Vordergrund steht somit die gesamte Situation.

Amerikanisch (auch: Knee-shot)
Diese Einstellung, bei welcher die Figur bis knapp unterhalb der Hüfte gezeigt wird, hat sich aus dem Westerngenre entwickelt. Der Zuschauer kann unmittelbar verfolgen, wie die Hand bei dem Show down zum Revolver greift. Gleichzeitig soll jedoch auch das Verhältnis zum Gegenspieler und/oder zur näheren Umgebung dargestellt werden.

Halbtotale
Bei dieser Einstellung werden Figuren oder Gegenstände im Ganzen und in einer sie und ihre Situation charakterisierenden Umgebung gezeigt. Zudem ist diese Einstellung auch für körperbetonte Aktionen geeignet. Der Zuschauer verfolgt das Geschehen allerdings bereits aus einiger Distanz.

Totale
Diese Einstellung soll einen räumlichen Überblick verschaffen, weshalb Menschen und Gebäude nur klein, aber im Ganzen erkennbar sind. Der Mensch nimmt hierbei eine untergeordnete Stellung innerhalb des Handlungsraums ein. Der Zuschauer verfolgt das Geschehen als objektiver, distanzierter Beobachter.

Weit (auch: Panorama, Super-Totale)
Die Einstellung hat häufig die Funktion einer Einführung (Überblick verschaffen, Atmosphäre vermitteln), weshalb sie häufig am Anfang bzw. Ende einer Filmsequenz sowie für die Darstellung von Landschaften verwendet wird.

Einstellungslänge	Sie entscheidet über die Schnittfrequenz und somit über das Tempo einer Filmsequenz. Eine Einstellung dauert meist zwischen weniger als 3,0 und 7,5 Sekunden, kann in Ausnahmefällen jedoch auch mehrere Minuten betragen.
Frame	Stand- bzw. Einzelbild (auch: Screenshot), d. h. 1/24 einer Filmsekunde
Kadrierung (= Cadrage)	Bildaufteilung innerhalb des Bildrahmens, z. B. ob das Gesicht mittig abgebildet oder der linke Rand abgeschnitten werden soll
Kamerabewegung	Folgende Formen werden unterschieden: a) Schwenk (entspricht dem Sich-Herumdrehen eines Menschen und dient der Orientierung), b) Kamerafahrt (Kamera bewegt sich im Raum) und c) Zoom (scheinbare Kamerafahrt ohne Veränderung des Standortes durch Veränderung der Brennweite des Kameraobjektives, indem das Objekt wie mit einem Fernrohr herangeholt wird oder umgekehrt entfernt wird).
Kamerafahrt	Hierbei handelt es sich um eine Form der → *Kamerabewegung*, bei der die Kamera beweglich montiert ist. Unterschieden werden a) Hinfahrt (auf das Objekt zu), b) Wegfahrt (vom Objekt weg, wobei meist entscheidend ist, was bei der Rückbewegung neu ins Bild kommt),

	c) Parallelfahrt (mit dem Objekt auf gleicher Höhe, horizontale Achse), d) Kranfahrt (Objekt wird begleitet, vertikale Achse) und e) Kreis- oder Umfahrt (Kamera fährt um das Objekt herum, „belauscht" es).
Kamera-perspektive	Unterschieden werden folgende Perspektiven auf die gezeigten Personen, Gegenstände bzw. Räume: a) Normalsicht (neutrale Wirkung) b) Untersicht (z. B. Froschperspektive mit Wirkung der Unterordnung oder Ohnmacht) c) Aufsicht (z. B. Vogelperspektive mit Wirkung der Dominanz und Überlegenheit) d) Top Shot (Bild senkrecht nach unten auf einen Schauplatz) e) Point-of-View-Shot (kurze Einstellung aus subjektiver Perspektive einer Figur)
Mise-en-Scène	Bezeichnung für die Gesamtheit aller Bildelemente und ihre Wirkung in einer Einstellung: Bildinhalt, Bildgestaltung, Schnitt und Montage

2. TON	
Off-Ton	Ton, dessen Quelle in der Einstellung nicht zu sehen ist (Stimme des Erzählers, entfernte Polizeisirenen, langsame Schritte aus dem Off, Filmmusik usw.)
On-Ton	Ton, dessen Quelle in der Einstellung zu sehen ist (Gespräch der Personen, quietschende Untergrundbahn, musizierende Straßenmusiker usw.)

3. SCHNITT	
Assoziations-montage	Hierbei werden Bilder kombiniert, an die eine Person in einer gegebenen Situation denkt (z. B. Tagtraum); beim Zuschauer soll dies einen Denkprozess bzw. Assoziationen zu dem Geschehen auslösen.
Parallelmontage (= Cross Cutting)	Einstellungswechsel zwischen zwei oder mehr simultanen, jedoch räumlich getrennten Handlungen.
Schnitt (= Cut)	a) technische Verknüpfung zweier Einstellungen bzw. Ende einer Einstellung b) harter Schnitt: Im Gegensatz zur → Blende erfolgen hier die Szenenübergänge bewusst abrupt
Short Cut	Extrem schnelle Schnittfolge, bei der die Länge einer Einstellung unter Umständen nur den Bruchteil einer Sekunde beträgt.
Sequenz	Folge von Einstellungen, die einen inhaltlichen Zusammenhang (eine Szene) bilden

Informationsquellen:

Abraham, Ulf (2009): Filme im Deutschunterricht. In: Baurmann, Jürgen/Kammler, Clemens (Hrsg.), Reihe Praxis Deutsch. Zeitschrift für den Deutschunterricht. Klett/Kallmeyer. Seelze-Velber, S. 198 ff.
Bienek, Alice (2008): Filmsprache. Einführung in die interaktive Filmanalyse
Rother, Rainer (1997): Sachlexikon Film. Rowohlt Taschenbuch Verlag. Reinbek bei Hamburg

A 6 Eine Rezension schreiben

Das müssen Sie wissen

Eine Rezension (lat. recensio = Musterung) ist die kritische Beurteilung und Besprechung eines neu erschienenen Buches, der Premiere eines Kinofilms oder einer neuen Theaterinszenierung durch den Rezensenten einer Zeitung oder Zeitschrift.
Sie dient im Wesentlichen dazu, den Leser über die Neuerscheinung am kulturellen Markt zu informieren **(Informationsfunktion)** und die Qualität des Kunstwerkes zu beurteilen. Gerade die Bewertung dient als Entscheidungshilfe für den Leser, das Buch zu kaufen bzw. das Kino bzw. Theater zu besuchen oder eben auch nicht **(Selektionsfunktion)**. Als typisch journalistische Textsorte hat die Rezension zudem immer auch eine **Unterhaltungsfunktion** inne, weshalb sich der Rezensent der im Journalismus gängigen Stilmittel bedient, um auch die Literaturkritik selbst für die Literaturinteressierten zu einem Leseerlebnis zu machen.

So können Sie vorgehen

1. Formulieren Sie einen originellen und sinnstiftenden Titel für Ihre Rezension, der zum Lesen einlädt.
2. Informieren Sie den Leser kurz über den Autor/Regisseur bzw. über seine vorangegangen Werke sowie die Entstehungsbedingungen des von Ihnen besprochenen Werkes, sofern dieser noch relativ unbekannt sein sollte.
3. Fassen Sie den Inhalt des Werkes kurz und prägnant zusammen, um dem Leser eine Orientierung zu geben. Achten Sie darauf, dass Ihre Inhaltsangabe aber keinesfalls den Ausgang der Handlung vorwegnimmt.
4. Benennen und beschreiben Sie das Besondere und/oder Neue des Werkes (Thema, Handlungsführung, Figurenkonstellation, Erzähl- bzw. Dramentechnik, Sprache, Schreibstil, Aufmachung des Buches o. Ä.).
5. Bewerten Sie das Werk in Bezug auf einzelne, von Ihnen ausgewählte Aspekte (vgl. Punkt 4) und begründen Sie Ihr Urteil mit nachvollziehbaren Argumenten. Führen Sie prägnante, gut gewählte Zitate aus dem Werk als Kostprobe an.
6. Verwenden Sie einen Schreibstil, der über eine rein sachliche Sprache hinausgeht. Arbeiten Sie z. B. mit bildhaftem Vokabular, wertenden Adjektiven bzw. Attributen, rhetorischen Figuren. Verwenden Sie zudem die notwendigen literaturwissenschaftlichen bzw. filmsprachlichen Fachbegriffe in korrekter Form.
7. Bewerten Sie abschließend das von Ihnen besprochene Werk insgesamt und sprechen Sie ggf. eine begründete (Lektüre-)Empfehlung aus. (Geben Sie in diesem Zusammenhang einen Hinweis auf die vollständige Quelle.)

A 7 Ein Lernportfolio erstellen

Definition

Ein Lernportfolio ist die **systematische Sammlung von Produkten**, die aus dem konkreten Fachunterricht resultiert. Lernportfolios können – neben den üblichen Leistungskontrollen wie Tests oder Klausuren – Aufschluss geben über Ihren Arbeits- und Lernprozess. Es dient zur Dokumentation Ihrer Leistung bzw. Ihres Lernfortschritts. Für die Schule sind vor allem zwei grundsätzliche Gestaltungsmöglichkeiten der Portfolioarbeit von Bedeutung:

1. In einem **Arbeitsportfolio** können Sie wichtige (nicht alle!) Arbeitsergebnisse zu einem bestimmten, im Unterricht behandelten Thema sammeln, ganz ähnlich wie ein Fotograf oder Künstler, der nur gelungene Arbeiten in seine Präsentationsmappe legt, bevor er sich an einer Hochschule oder Akademie bewirbt. (Beispiel: Im Rahmen der Beschäftigung mit dem Baustein „Der Film als eigene Kunstform“ haben Sie den Dreh einer kurzen Filmsequenz geplant oder sogar auch durchgeführt. Die besonders gelungenen Teile des Storyboards oder aber das filmische Rohmaterial können Sie nun Ihrem Portfolio hinzufügen.)
2. Mit einem **Lernportfolio** kann man jedoch nicht nur die Ergebnisse des Arbeitens dokumentieren, sondern auch den Lernprozess selbst. Deshalb geht es in einem zweiten Schritt auch um die **Darstellung des Lernwegs:** Ein Lernportfolio als **Prozessportfolio** stellt also auch eine Art lebendiges Archiv des eigenen Lernens dar, bei welchem die (erfolgreichen und manchmal auch weniger erfolgreichen) Lernprozesse und -fortschritte hinter den Ergebnissen sichtbar gemacht werden. (Beispiel: Haben Sie sich im Rahmen des Abschnittes „materialgestütztes Verfassen eines informierenden (oder argumentierenden) Textes“ einen Problembereich selbstständig unter einer bestimmten Fragestellung erschlossen, so könnten Sie die einzelnen Entwicklungsschritte vom ersten Entwurf Ihres Handlungsproduktes bis hin zur mehrfach überarbeiteten Endfassung darstellen, die von Ihnen vorgenommenen Änderungen hervorheben und diese inhaltlich wie formal begründen.)

Funktion

Ein gutes Lernportfolio kann als eine Art **Biografie des eigenen Lernens** dienen. Konsequent angewandt kann es Sie über das gesamte Schuljahr hinweg begleiten. Im Gegensatz zum normalen Schulheft/-ordner können Sie mit einem Portfolio Ihre eigenen Lernfortschritte klar und präzise dokumentieren. Auf anschauliche und gut nachvollziehbare Weise kann man so anderen zeigen, was man gelernt oder wo man noch Schwierigkeiten hat. Fortschritte, aber auch Lernprobleme werden auf diese Weise bewusster. Zudem ist das Lernportfolio auch eine Möglichkeit des **individuellen Lernens**. Anders als bei der üblichen Klausur erhält jeder Schüler so die Chance, seine persönliche Lernentwicklung und eigene Inhalte zu dokumentieren.

Inhalte

Sie können ein solches Lernportfolio zu einem ausgewählten Thema einer bestimmten Unterrichtseinheit erstellen oder es sogar über ein ganzes Schuljahr führen, zum Beispiel im Rahmen eines Projektkurses. In diesem Fall ist eine Auswahl der Portfolioinhalte sinnvoll. Zu viele Inhalte können ein Portfolio „verwässern“. Fokussieren Sie eher Schwerpunkte Ihrer Arbeit.

So könnte Ihr Portfolio gegliedert sein:

1. Deckblatt (Name, Thema, Schule, Lehrer …)
2. Inhaltsverzeichnis
3. Etwa fünf konkrete Arbeitsergebnisse/Produkte, die Sie mit der betreuenden Lehrkraft aussuchen sollten (z. B. Fotos, Arbeitsblätter, Zeichnungen, Videos, CDs, DVDs, MP3-Dokumente, Online-Auftritte, Eigenüberlegungen)
4. Weitere acht bis zehn Arbeiten, die Sie eigenständig und gezielt aussuchen
5. Nennen Sie am Ende die ausschlaggebenden Gründe für die Auswahl Ihrer Arbeiten, weisen Sie auf wichtige Auswahlkriterien hin.
6. Ein Rückblick auf die eigene Lernentwicklung und mögliche Probleme, evtl. ein kurzer Ausblick auf die Weiterarbeit
7. Ein schriftliches Feedback der betreuenden Lehrkraft

Überarbeitung

Die Arbeit mit einem Portfolio-Ordner ist nur dann sinnvoll, wenn Sie regelmäßig in diesem nachschlagen und alte Inhalte überfliegend wiederholen. Entscheidend ist, ob es Ihnen gelingt, alte Lerninhalte rückblickend zu **kommentieren**, mit aktuellen Problemen zu **vergleichen** und **miteinander in Beziehung zu setzen**. Nutzen Sie dabei möglichst Ihnen bekannte Methoden der Visualisierung. Beispiel: In der Unterrichtseinheit zu den Medien im Wandel haben Sie die Merkmale der drei Phasen in der Mediengeschichte erarbeitet. Wenn Sie sich nun mit dem Massenmedium „Zeitung“ beschäftigen und die spezifische Gestaltung gängiger journalistischer Textsorten und möglicherweise deren Veränderungen im Zeitablauf analysieren, kann Ihnen Ihr Lernportfolio als praktisches Nachschlagewerk dienen. Auf diese Weise gelingt Ihnen im Idealfall eine **Vernetzung der Inhalte**, das erworbene Wissen wird auf ein breiteres Fundament gestellt und bleibt in Ihrem Langzeitgedächtnis.

Arbeitsschritte

Es ist deutlich geworden, dass ein Lernportfolio erst dann sinnvoll ist, wenn man seine Arbeitsergebnisse und den Lernweg reflektiert, ihn also rückblickend kommentiert und bewertet. Bei dieser wichtigen Arbeit können Sie sich selbst folgende Leitfragen stellen:

1. Wie bin ich bei dem Thema vorgegangen?
2. Welche Hilfsmittel habe ich herangezogen, welche Methoden habe ich mit Erfolg oder weniger Erfolg angewandt?
3. Welche Aufgaben konnte ich mit Erfolg bewältigen und was waren die Gründe dafür?
4. Welche Aufgaben bereiteten mir aus welchen Gründen Probleme?
5. Was habe ich inhaltlich gelernt? Fassen Sie den Lernzuwachs, das „Neue“, in wenigen Sätzen zusammen.

Natürlich müssen Sie nicht bei jedem Thema sämtliche dieser Fragen streng in der vorgegebenen Reihenfolge beantworten, vielmehr sollten Sie eine an Ihren individuellen Lernprozess angepasste Auswahl treffen. Auch können andere, hier nicht aufgeführte Fragen ebenso relevant sein.

Nach: Timotheus Schwake, in: Diekhans, Johannes/Fuchs, Michael (Hrsg.): P.A.U.L. D. Oberstufe. Schöningh Verlag. Paderborn 2013, Umschlaginnenseiten hinten

A 7 Operatoren für das Fach Deutsch

Ein wichtiger Bestandteil jeder Aufgabenstellung sind die sogenannten Operatoren. Sie bezeichnen als Handlungsverben diejenigen Tätigkeiten, die Sie bei der Bearbeitung von Klausur- und/oder Prüfungsaufgaben ausführen sollen.
Im Folgenden werden Ihnen die im Fach Deutsch gängigen Operatoren kurz definiert, welche als Grundstock verwendet und fallweise durch Zusätze (z. B. „im Hinblick auf", „unter Berücksichtigung von") konkretisiert werden. Unabhängig von der Wahl des jeweiligen Operators wird von Ihnen bei der Darstellung Ihrer Arbeitsergebnisse jedoch grundsätzlich ein **zusammenhängender** und **kohärenter** Text erwartet.

Operator	Definition	AFB[1]
analysieren[2]	einen Text als Ganzes oder aspektorientiert unter Wahrung des funktionalen Zusammenhangs von Inhalt, Form und Sprache erschließen und das Ergebnis der Erschließung darlegen	I/II/III
begründen	ein Analyseergebnis, eine Meinung, eine Argumentation, ein Urteil oder eine Wertung methodisch korrekt und sachlich fundiert durch Belege, Beispiele absichern	II/III
(be)nennen	Informationen ohne Kommentierung bezeichnen	I
beschreiben	Sachverhalte, Situationen, Vorgänge, Merkmale von Personen bzw. Figuren sachlich darlegen	I/II
beurteilen	einen Sachverhalt, eine Aussage, eine Figur auf Basis von Kriterien bzw. begründeten Wertmaßstäben einschätzen	II/III
bewerten	zu einem Sachverhalt bzw. Problem eine eigene, nach vorgegebenen oder selbst gewählten Werten bzw. Normen betont subjektiv formulierte Ansicht vertreten	II/III
charakterisieren	die jeweilige Eigenart von Figuren und Sachverhalten herausarbeiten	II/III
darstellen	Inhalte, Probleme, Sachverhalte und deren Zusammenhänge aufzeigen	I/II
einordnen	eine Aussage, einen Text, einen Sachverhalt unter Verwendung von Kontextwissen begründet in einen vorgegebenen Zusammenhang stellen	I/II
entwerfen	zu einer literarischen oder pragmatischen Textvorlage nach vorhergehender Analyse unter vorgegebenen oder selbst gewählten zentralen Aspekten in wesentlichen Zügen ein Konzept oder eine eigene Produktion ohne anschließende Erläuterung skizzieren	II/III

[1] **AFB** = Anforderungsbereich
AFB **I** umfasst das Wiedergeben von Sachverhalten und Kenntnissen im gelernten Zusammenhang, die Verständnissicherung sowie das Anwenden und Beschreiben geübter Arbeitstechniken und Verfahren.
AFB **II** umfasst das selbstständige Auswählen, Anordnen, Verarbeiten, Erklären und Darstellen bekannter Sachverhalte unter vorgegebenen Gesichtspunkten in einem durch Übung bekannten Zusammenhang und das selbstständige Übertragen und Anwenden des Gelernten auf vergleichbare neue Zusammenhänge und Sachverhalte.
AFB **III** umfasst das Verarbeiten komplexer Sachverhalte mit dem Ziel, zu selbstständigen Lösungen, Gestaltungen oder Deutungen, Folgerungen, Verallgemeinerungen, Begründungen und Wertungen zu gelangen. Dabei wählen die Schülerinnen und Schüler selbstständig geeignete Arbeitstechniken und Verfahren zur Bewältigung der Aufgabe, wenden sie auf eine neue Problemstellung an und reflektieren das eigene Vorgehen.

Für Kurse auf grundlegendem Anforderungsniveau werden die AFB I und II, für Kurse auf erhöhtem Anforderungsniveau die AFB II und III stärker akzentuiert.

[2] Der Operator „analysieren" bezieht sich in Niedersachsen auf die Erschließung von Sachtexten.

erläutern	Materialien, Sachverhalte, Zusammenhänge, Thesen mit zusätzlichen Informationen und Beispielen veranschaulichen	II/III
erörtern	auf der Grundlage einer Materialanalyse oder -auswertung eine These oder Problemstellung unter Abwägung von Argumenten hinterfragen und zu einem Urteil gelangen	I/II/III
gestalten	literarische oder pragmatische Textvorlagen ggf. unter Berücksichtigung textimmanenter bzw. textsortenspezifischer Vorgaben im Anschluss an eine Analyse bzw. Interpretation produktiv erschließen	I/II/III
in Beziehung setzen	Zusammenhänge unter vorgegebenen oder selbst gewählten Gesichtspunkten begründet herstellen	II/III
interpretieren[1]	auf der Grundlage einer Analyse im Ganzen oder aspektorientiert Sinnzusammenhänge erschließen und unter Einbeziehung der Wechselwirkung zwischen Inhalt, Form und Sprache zu einer schlüssigen (Gesamt-)Deutung kommen	I/II/III
(kritisch) Stellung nehmen	zu einzelnen Meinungen, Textaussagen, Problemstellungen eine in der Sache fundierte, differenzierte und wertende Einsicht formulieren	II/III
sich auseinandersetzen mit	eine Aussage, eine Problemstellung argumentativ und urteilend abwägen	II/III
(über-)prüfen	Aussagen und Behauptungen kritisch hinterfragen und ihre Gültigkeit kriterienorientiert und begründet einschätzen	II/III
verfassen	auf der Grundlage einer Auswertung von Materialien wesentliche Aspekte eines Sachverhalts oder Problems in informierender oder argumentierender Form adressatenbezogen und zielorientiert darlegen	I/II/III
vergleichen	nach vorgegebenen oder selbst gewählten Gesichtspunkten Gemeinsamkeiten, Ähnlichkeiten und Unterschiede herausarbeiten und gegeneinander abwägen	II/III
wiedergeben	Inhalte bzw. einzelne Textgehalte (Kernaussagen/Handlungsschritte) in eigenen Worten, linear und sprachlich angemessen referieren	I/II
zusammenfassen	Inhalte oder Aussagen komprimiert und sprachlich angemessen wiedergeben	I/II

Hervorgehoben sind diejenigen Operatoren, die über die bundesweit geltenden Operatoren für die schriftliche Abiturprüfung hinausgehen und speziell niedersächsischer Tradition entsprechen.

Quelle (leicht verändert):
Niedersächsisches Kultusministerium: Kerncurriculum für das Gymnasium – gymnasiale Oberstufe, die Gesamtschule – gymnasiale Oberstufe, das Berufliche Gymnasium, das Abendgymnasium, das Kolleg. Deutsch. Hannover 2016, S. 76 ff.

[1] Der Operator „interpretieren" bezieht sich in Niedersachsen auf die Erschließung literarischer Texte.